# Über Stock und Stein

## Querbeet durchs Leben

Petrus Ceelen

# Über Stock und Stein

Querbeet durchs Leben

Veröffentlicht durch Dignity Press,
16 Northview Court
Lake Oswego, OR 97035, USA

ISBN 978-1-937570-87-3

Mehr zum Buch: www.dignitypress.org/stock-und-stein

Gedruckt auf Papier aus nachhaltiger Forstwirtschaft,
siehe www.lightningsource.com/chainofcustody

# Für Dich,

## Sahne

Dein großes Herz, dein Lachen,
dein sturer Kopf, dein starker Wille,
dein Dasein für andere, dein Wesen.
Ein Unikat warst du, mein Freund.

Was ich Dir noch sagen wollte
am Ende dieses Buches.

# Meine Generation

Wir mussten zu Fuß in die Schule gehen,
unterwegs ist uns das Leben begegnet.

Die Nachkriegsjahre waren mager,
aber wir haben nichts vermisst.

Im Dreck spielen machte uns Spaß,
Neurodermitis – nie gehört.

Wir wurden nicht aufgeklärt,
haben uns alles selbst beigebracht.

Auch ohne one-night-stand
waren wir doch auch nicht ohne.

Es gab kein Navigationsgerät,
den Weg haben wir trotzdem gefunden.

Wir wissen ja wo es hingeht
und halten bis dahin die Ohren steif.

Mein Gott, was haben wir nicht alles erlebt.
Und jetzt noch Corona, die Krönung!

# Kant pikant

„Sehr geehrter Greis!", lautete die Anrede beim Festakt zu Immanuel Kants 50. Geburtstag. Ja, vor gut 200 Jahren sahen die 50-Jährigen schon grau und alt aus. Heute dagegen ist 60 noch nicht alt. Die 70- bis 80-Jährigen sind die „jungen Alten". Mit 75 fangen manche an, Skatebord zu fahren, andere legen sich mit dem Motorrad noch in die Kurve. Gruftis ziehen noch neue Reifen auf, polieren die Alu-Felgen. Immer mehr Senioren nehmen an einem Marathon teil. Mit 80 wird noch geheiratet. Hochzeitsreise im Cabrio.

Liebe kennt kein Alter. Und Alter schützt vor Torheit nicht. Da posiert eine Dame mit 84 im Bikini für einen Fotografen. Sie vergleicht den menschlichen Körper mit einem Fahrzeug: „Tankt man jahrelang falsches Benzin und pflegt den Lack nicht, wird auch kein klasse Oldtimer daraus." Mit allen möglichen Mittelchen und Wässerchen wird der Body gepflegt, gestylt. Das eine Aftershave wird als Ferrari angepriesen, das andere soll der Rolls-Royce sein. Wir reden auch so, als sei der Mensch eine Blechkiste. Der hat ein Rad ab. Bei dem ist die Luft raus. Der Auspuff hat Risse. Das Auto als Archetyp des Selbst = Auto. Automatisch einparken, automatisch Auto fahren, selbst nicht mehr denken. Kant mit seiner reinen Vernunft würde sich im Grabe umdrehen.

# Querbeet

Querbeet, Beethoven, Beat, ein Bett im Kornfeld, Bachblüten, Mozartkugeln, da ist Musik drin, flöten gehen, aus dem letzten Loch pfeifen, von Tuten und Blasen keine Ahnung haben, mein lieber Herr Gesangverein, das Leben ist kein Wunschkonzert, davon kann ich ein Lied singen, über sieben Brücken musst du gehen ... Gedanken freien Lauf lassen, einfach so, ohne eine bestimmte Richtung, kreuz und quer durchs Leben, lieben, leiden, lachen, loben, lutschen, latschen, stolpern, straucheln, stoßen, still stehen, staunen ... Sternenstaub das Strichle, das sich homo sapiens nennt.

Querbeet glauben. Von allem etwas. Esoterik, Spiritualität, Yoga, ein bisschen Buddha und Bibel. Sich sein eigenes Ding basteln. Jeder sein eigener Glaube. Jeder sein eigener Gott. Und jeder sich selbst der Nächste. Jeder denkt an sich, nur ich, ich denke an mich.

Quer, verquer, verrückt, ein Stachelschwein im Streichelzoo. Der gute Hirte ist der Schweinepriester, der im Kloster die Schafe weidet. Zur Herde gehört das schwarze Schaf. Der schwarze Schwan taucht völlig unerwartet auf. Das höchst Unwahrscheinliche ist wahr geworden. Das Undenkbare denken. Der Papst heiratet, hängt den Zölibat an den Nagel. Die Welt auf den Kopf stellen, den Quersprung wagen, wie der Hundertjährige, der aus dem Fenster stieg und verschwand. Quer durchs Gelände, querfeldein über Stock und Stein.

# Mumienschubse

Es gibt Erfindungen, die sind wirklich ein Segen. Da fragt man sich, wieso der Mensch so lange gebraucht hat, um „darauf" zu kommen. Der Rollator wurde erst 1978 von der Schwedin Aina Wifalk erfunden. Aufgrund ihrer Kinderlähmung war sie gehbehindert. Dem Gehbock mit vier Rollen fügte sie Handbremsen und eine Sitzfläche zum Ausruhen hinzu. Not macht erfinderisch. Der Rollator ist der Renner. Antilope, Gazelle und wie die Dinger alle heißen: Tango, Salsa, Polo Plus, Olympos M.

Mumienschubse ist auch kein Kind von schlechten Eltern. Vorsicht mit dem Krankenkassen-Rollator, dem Querfalter. Beim Zusammenklappen klemmt man sich leicht die Finger ein.

Wer am Rollator geht, zeigt in aller Öffentlichkeit, dass es bei ihm nicht mehr rund läuft. Damit tun sich vor allem Männer schwer. Manche sind so stolz, dass sie nicht einmal in der eigenen Wohnung ein paar Schritte mit dem Rollator gehen. Selbst ist der Mann. Das dachte immer auch der Herr Bankdirektor, der nach seinem Schlaganfall nun halbseitig gelähmt Tritt für Tritt hinter seinem Trolli her trottet. „Mensch, was ist aus dir geworden!?", fragt er sich. Vom Rollator in den Rollstuhl und danach in den Nachtstuhl auf Rollen. Die Rolle ausgespielt. Beim Abgang von der Bühne wird der rote Läufer noch einmal ausgerollt, der Sarg auf der Bahre in die Trauerhalle gerollt. Tränen rollen. Und der Trolli kommt zum Sperrmüll. Ruhe sanft.

# Positiv denken

Sterben ist nicht schwer.
Du kannst es gleich beim ersten Mal.
Und alle haben es bisher geschafft.

Denke positiv.
Die Flasche ist nicht halb leer.
Sie ist halb voll.

Lerne noch positiver zu denken.
Die Flasche ist halb leer
und du bist halb voll.

Mach dir doch keinen Kopf.
Überziehungszinsen, Kontogebühren.
Minus mal minus gleich plus.

Die Stewardess ist gut.
„Sollte beim Flug etwas schief gehen,
denken Sie bitte positiv!"

Was denn sonst?

# 11 77 11

Als ich dreißig war, vierzig, ja selbst fünfzig – da schien mir siebzig schon alt. Und als ich früher hörte, dass der Verstorbene schon über siebzig war, dachte ich: Naja, da darf man gehen. Mit den Jahren hat sich meine Deadline deutlich verschoben.

Der achtzigjährige war ja nur ein paar Jahre älter als ich. Jedes Mal, wenn ich an einem Sarg stehe, wird mir klar, wie nahe er mir steht. Nicht, dass ich mich schon so alt fühle. Aber ich bin ja auch älter als ich mich fühle. Beim Einsteigen in den vollbesetzten ICE erschrecke ich. Ein Mann steht auf und bietet mir seinen Platz an. Oh Gott, sehe ich denn schon so alt aus? In der Zeitung lese ich: „Der alte Mann ... Der 75-Jährige ...“

Mein 75. Geburtstag fiel auf Karneval: es lebe das Fleisch! Das alte Fleisch hochleben lassen. Helau! Hoch die Tassen. Am 11. Februar 1943 habe ich das Licht der Welt erblickt. Die Elf ist die magische Zahl des Karnevals. Am 11. 11. um 11.11 Uhr geht das närrische Treiben los. Die Elf gilt auch als Zahl der Maßlosigkeit und der Sünde, weil sie die Zehn Gebote überschreitet. ELF, die drei Buchstaben stehen auch für die Parolen der französischen Revolution: égalité, liberté, fraternité. Bruder. Schwester. Egal. Unter der Narrenkappe sind alle gleich jeck. Die 11 ist auch eine Schnapszahl. Inzwischen bin ich 77. Hoffentlich ist Schnaps nicht mein letztes Wort.

# Danke

Der Geburtstag ist ein guter Tag, um Danke zu sagen. Ich danke meiner Mutter, die mich unter Wehen zur Welt gebracht hat. Danke auch an meinen Vater, dass er bei der ehelichen Pflicht mitgemacht hat. Meinem Schutzengel habe ich zu danken, der stets zur Stelle war. Dankbar bin ich für mein Selbst und sein körperliches Gefährt. Ein herzliches Danke an meine Pumpe, die all die Jahre mindestens 100.000 Mal am Tag geschlagen hat, ohne auch nur ein einziges Mal eine kurze Pause einzulegen. Mit Herzen, Mund und Händen singe ich mein Danklied. Ich danke, dass ich danken kann. Danke meinem Magen, der schon einiges zu verdauen hatte. Ein dickes Danke an meinen Darm, diesen dünnen Schlauch, der schon alles Mögliche transportiert hat, ohne schlapp zu machen. Meiner Leber möchte ich danken: Sie braucht eineinhalb Stunden, um ein Glas Bier zu entgiften. Und für ein kleines Schwimmbad?

Ein Dankeschön meinen Ausscheidungsorganen. Ohne sie wäre ich längst ausgeschieden. Auch mein Gehirn hat ein großes Dankeschön verdient, wenn auch nicht für alles, was mir durch den Kopf gegangen ist. Merci meinen Ohren, die immer noch fest zu mir stehen. Meinen Füßen ist zu danken, dass sie mich bis hier hin getragen haben. Dankbar bin ich für mein Immunsystem, das im Kampf mit Viren und Bakterien zuweilen Schwerstarbeit zu leisten hatte. Ich danke dem Himmel, dass ich einigermaßen heil geblieben bin an Leib und Seele. Und so gehe ich meinen Weg weiter, bis zur Zielgeraden, wo ich nur noch Danke sagen kann.

# Schweinerei

Viele Frauen und Männer verdanken ihr Leben der Herzklappe eines Schweins. Sie haben Schwein gehabt. Nun sollen Schweine als Organspender für Menschen gezüchtet werden. Schweinerei. Der Mensch hat dem Schwein schon vier Rippen mehr angezüchtet: Das Hausschwein besitzt 16 statt 12 Rippen wie das Wildschwein. XL-Schweine verfügen über 17 Rippenpaare. Noch mehr Koteletts, noch mehr spareribs. Saugut. Der Mensch ein Schwein? Er ist, was er isst. Und das Rindvieh trinkt die Milch von der Turbo-Kuh, die immer mehr Milch gibt, dafür aber immer kürzer lebt. Tierquälerei.

Mädchen quälen sich ab, treiben Sport über alle Maßen. Models möchten lange Beine, am besten bis zu den Ohrläppchen. Frauen tragen Silikonkissen in Brust und Po. Einige lassen sich Rippen entfernen, um eine Wespentaille zu bekommen. Und um den Herren der Schöpfung noch besser zu gefallen. Einst wurde Adam eine Rippe entnommen. Was der Herrgott daraus machte, kann sich sehen lassen. „Wie eine Palme ist dein Wuchs, deine Brüste sind wie Trauben. Ich sage: Ersteigen will ich die Palme, ich greife nach den Zweigen. Trauben am Weinstock seien mir deine Brüste. Apfelduft sei der Duft deines Atems, dein Mund köstlicher Wein, der glatt in mich eingeht, der Lippen und Zähne mir netzt." Aus dem Hohelied der Liebe. Ganz schön erotisch die Bibel, die kein Schwein liest.

# Das sagt man nicht

Scheiße sagt man nicht.
Shit klingt milder,
nicht so beschissen.

Meine Frau ist viel zu dick.
Sagen wir so:
Schönheit braucht Platz.

Mein Kollege ist blöd.
Man könnte auch sagen:
Er ist keine Intelligenz-Bestie.

Ich bin verkalkt.
Aber ich sage lieber:
Ich habe Gicht.

An Krebs krepiert.
Das sagt man nicht.
Wir reden den Tod schön.

Friedlich eingeschlafen.

# Mit offenen Augen

Liebe macht nicht blind, sondern sehend, öffnet die Augen für das, was andere nicht sehen. Manche entdecken auf den ersten Blick, was für ein Schatz im anderen verborgen ist. Die Deutschen nennen ihren Schatz auch Schätzchen, die Schwaben sagen „Schätzle", aber die machen auch mit dem „Herrgöttle" noch ihre Späßle. Die Franzosen sagen „mon trésor", meine Schatztruhe. Auch die schnuckeligste Schatztruhe hat ihre Ecken und Kanten, doch diese lassen sich auch noch liebgewinnen. Das ist der Sinn, wenn wir sagen: „Ich habe dich ganz lieb, mit allem, was zu dir gehört: auch deine weniger guten Seiten. So wie du bist, liebe ich dich." Einen halben Menschen können wir nicht lieben, ebenso wenig wie wir nur seinen Körper lieben können.

Beziehungen scheitern, weil der Schatz überschätzt, mit übertriebenen Erwartungen überladen wird. Nicht wenige wissen ihren Schatz erst zu schätzen, nachdem er von ihnen gegangen ist. Manche, die ihren Schatz an einen anderen verloren haben, sind so verbittert, dass sie sagen: „Wenn er gestorben wäre, wäre das nicht so schlimm für mich." Wir können uns glücklich schätzen, wenn wir unseren Schatz noch bei uns haben. Auch wenn wir ihn manchmal auf den Mond schießen könnten.

# Die andere Hälfte

„In den alten Zeiten hatte der Mensch vier Arme, vier Beine. Und der Mensch war Mann und Frau zugleich. Den Göttern war der Mensch zu stark, und so wurde er geteilt, halbiert. Die Menschen hatten nur noch zwei Arme und zwei Beine. Und sie waren nur noch Mann oder Frau. Die getrennten Teile wurden über die ganze Erde zerstreut. So konnten sie nicht mehr erkennen, wer zu wem gehört. Nur eine Art Instinkt brachte die Menschen dazu, sich einander zu nähern und zu vereinigen. Findet ein Mensch seine wahre Hälfte, so hört die Liebe nimmer auf."

Eine schöne Geschichte, die Plato uns erzählt, fast zu schön, um wahr zu sein. Aber wahr ist, dass ein Mensch ganz glücklich ist, wenn er sich im anderen wiederfindet. Manche finden ihr Gegenstück schon mit 17, andere haben es mit 57 noch nicht gefunden. Wie viele Männer, Frauen und Transgender sind immer noch auf der Suche nach dem Richtigen, der richtig zu ihnen passt. Nicht wenige haben das Suchen längst aufgegeben. Doch da läuft ihnen plötzlich ihre andere Hälfte über den Weg. Immer wieder finden sich zwei. Beide Hälften ergänzen sich, bilden ein Ganzes. Wer von beiden die bessere Hälfte ist, das wissen nicht einmal die Götter.

# Auf dem Flohmarkt

Noch halb im Dunkeln
wird auf dem Flohmarkt
schon gehandelt und gekauft.

Der frühe Vogel fängt den Wurm.
Doch auch am späten Nachmittag
können wir noch fündig werden.

Kreuze, Heiligenbilder,
Gebetbücher, Bibeln, spottbillig.
Ausverkauf des Glaubens.

Sammler suchen Seltsames.
Auf den Preis kommt es an.
Und auf das Alter.

Je älter, desto wertvoller.
Ach, wenn es doch auch so
mit uns Alten wäre.

# Ein gutes Näschen

Zwei Menschen ziehen sich an, als trügen sie einen Magneten in sich, der sie zueinander hinzieht. Sie suchen einander nicht, sie spüren, dass sie einfach zusammengehören. Manche Paare ergänzen einander so gut, als seien sie schon immer ein Herz und eine Seele. Nicht wenige Liebende haben das Gefühl, dass sie füreinander bestimmt sind.

Warum zwei Menschen sich lieben, lässt sich nicht leicht erklären. Gemeinsame Interessen, Hobbys mögen wichtig sein, aber die allein reichen zur Begründung nicht aus. Wissenschaftler haben herausgefunden, dass Körpergeruch bei der Wahl des Partners eine entscheidende Rolle spielt. Liebe geht durch die Nase. Wenn zwei Menschen sich gut riechen können, finden sie Geschmack aneinander. Liebe geht durch den Mund. Küssen ist wie Suppe essen mit der Gabel. Liebe geht durch das Herz. Herzklopfen. Liebe geht durch den Magen. Schmetterlinge im Bauch.

Und weiter unten geht's dann weiter mit der Liebe ... Von Kopf bis Fuß ist der Körper ein einziges Liebesorgan. Verliebte vernaschen sich mit Haut und Haar, bis sie merken, dass der andere auch nur ein Mensch ist und kein Sahne-Törtchen. Nicht wahr, SAHNE?*

*„Sahne, wie heißt du eigentlich?, in: Petrus Ceelen, „Mehr als du denkst - 77 Namensgeschichten", S. 62

# Keine Insel

Zu zweit schmeckt das Leben besser. Allein zu essen, das ist nicht schön. Erst recht nicht im Restaurant. Allein im Lokal zu trinken ist deprimierend. Abends allein ins Bett zu gehen und morgens allein aufzuwachen ist auch kein Vergnügen. In der Bibel heißt es schon auf Seite eins: „Es ist nicht gut, dass der Mensch allein bleibt." Nicht einmal im Paradies war Adam allein glücklich. Ein Mensch ist keine Insel. Einer braucht den anderen. Allein kann keiner sein. Zu zweit geht's besser. Stürzt einer, dann hilft der andere ihm wieder auf die Beine.

Arm ist der Mensch, der niemanden hat, der ihn mal in den Arm nimmt. Erbärmlich arm der Reiche, der nichts hat als sein Geld. Armselig sind wir, wenn wir uns selbst genügen, genug haben an uns selbst. Es ist die Begegnung, die unser Leben bereichert. Gut, dass wir einander haben.

Wir leben voneinander,
teilen Freud und Leid miteinander,
wir kümmern uns umeinander
sorgen füreinander,
wir werden durch einander
mehr und mehr Mensch.

# Laufen

Im Laufstall sind wir die ersten
Schritte gelaufen.
Eines Tages ist uns eine/r über den
Weg gelaufen
und die Leute sagten: zwischen den
beiden läuft etwas.
Auf der Suche nach Glück verlaufen
wir uns leicht.
In jedem Lebenslauf läuft
einiges schief.
Es kann nicht immer alles rund
laufen.
Hin und wieder laufen wir
gegen eine Wand.
Und manchmal läuft uns eine Laus
über die Leber.
Die lebenslange Ehe ist ein
Auslaufmodell.
Die Models auf dem Laufsteg sind
Hungerhaken.
Laufmaschen können peinlich sein.
Man muss die Dinge laufen lassen,
nur nicht, wenn man laufend
Minus macht.
Den Kirchen laufen die Leute davon.
Der Glaube an Gott ist rückläufig.
Im Alter läuft im Bett nicht mehr viel.
Wir können kaum noch laufen,
ohne zu schnaufen.
Und ist unsere Uhr dann abgelaufen,
läuft die Welt ohne uns weiter.

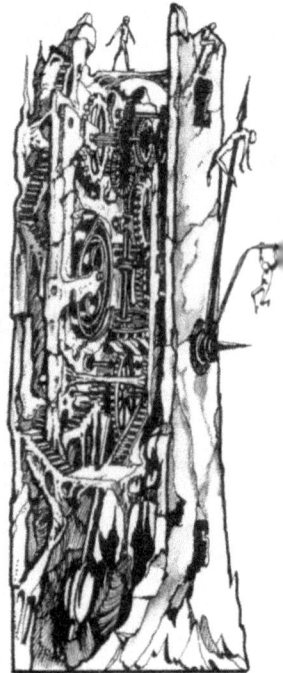

# Coming out

Manche glauben, dass es vor der Erfindung des Begriffes „homosexuell" keine Homosexuellen gab, sondern Männer, die bevorzugten, mit anderen Männern zu schlafen. Erst das Wort schaffe Fakten. Die Macht, die der Sprache zugesprochen wird, soll gewiss nicht unterschätzt werden. Worte haben auch die Macht zu verletzen. „Schwul" war lange Zeit ein Schimpfwort.

Inzwischen haben viele Männer es sich zu eigen gemacht: „Ja, ich bin schwul." „Und das ist gut so," fügen nicht wenige hinzu. Männer, die liebend gern mit Männern schlafen, sind heute nichts Außergewöhnliches mehr. Und auch Lesben können offen zu ihrer Liebe, Vorliebe stehen. Das war und ist längt noch nicht immer und überall so. Nicht nur auf dem Land versuchen viele Schwule und Lesben auch heute noch, erst einmal den „normalen" Weg zu gehen, die „Norm" zu erfüllen: heiraten, eine Familie gründen. Ein Doppelleben, zwei Leben leben, zwei Rucksäcke tragen. Wie schwer das ist, wissen wohl auch die Menschen, die gefühlt im falschen Körper leben. Transgender hat es sicher auch schon immer gegeben. Aber es gab früher nicht einmal ein Wort für die betreffenden Personen. Worte wirken, bewirken, dass Menschen sich aus ihrem Versteck heraustrauen und sich trauen, offen zu sich zu stehen.

# Sich trauen

Viele Paare leben zusammen, aber sie trauen sich nicht, trauen sich die Ehe nicht zu. Sie sind unsicher, haben Zweifel, ob ihre Beziehung auf die Dauer hält. Unzählige Ehen gehen in die Brüche, nicht selten schon vor dem verflixten siebten Jahr. Manche Paare heiraten nicht, weil sie sich noch ein Hintertürchen offen halten möchten. Vielleicht kommt noch etwas Besseres nach ...

Nicht wenige halten es für verrückt, sich ein Leben lang an einen Menschen zu binden, lebenslänglich – das ist wie Knast! Statt Ehe-Fessel frei sein, ungebunden, Spaß haben, freie Liebe, unverbindlicher Sex. Dahinter verbirgt sich oft auch eine tiefe Not, eine Bindungsunfähigkeit. Nicht wenige wollen sich nicht binden, weil sie sich nicht binden können. Es gelingt ihnen nicht, eine längerfristige Beziehung aufzubauen. Wer ein Verhältnis nach dem anderen hat, kann trotzdem sehr einsam sein. So mancher Single sehnt sich tief im Innersten nach einem Menschen, der immer bei ihm bleibt, ihn auch dann noch liebt, wenn er alt, krank und gebrechlich ist.

Der Wunsch nach Beständigkeit und Geborgenheit führt dazu, dass wieder mehr Paare sich das Ja-Wort geben. Aber die Zahl der kirchlichen Trauungen nimmt weiter ab. Auch wenn sich manche Pfarrer nicht mehr trauen, das Ehepaar zu fragen: „Bis dass der Tod euch scheidet."

# Menschen brauchen Menschen

Wir leben in einer Welt, in der die Automaten die Menschen ersetzen. Geld, Fahrkarte, Getränke, Brot. Alles bekommen wir am Automaten. Automatisch fehlt uns etwas. Das Menschliche. Menschen brauchen Menschen. Viele hungern nach Nähe, nach menschlicher Wärme, gerade in unserer digitalen Welt. Das Datennetz ist kein Netz fürs Leben. Wir können nicht leben vom googeln, chatten, simsen, mailen. Wir brauchen Menschen, die uns anschauen, anfassen, berühren, unser Herz berühren. Ohne menschliche Wärme frieren wir. Der Drang zur menschlichen Nähe ist bei alten und kranken Menschen oft so stark, dass sie sich körperlich aufdrängen. Sie bitten, ja betteln geradezu um Berührung und Hautkontakt. Sie brauchen einen Menschen, den sie mit Händen greifen können. Körperkontakt tut gut, gerade im Krankenhaus, wo die Patienten vielfach nur von Apparaten und Geräten umgeben sind.

Wir brauchen Menschen, die sich uns zuneigen, zuwenden. Menschen, die uns zuhören, zusagen, Mut machen: „Du schaffst das!" Menschen, die uns von Angesicht zu Angesicht sagen: „Gut, dass es dich gibt. Wenn ich dich nicht hätte. Du weißt nicht, wie sehr ich dich liebe." In Russland heißt es: „Ein gutes Wort gibt Wärme für drei Winter."

# Brotnötig

Der Mensch lebt
nicht von Brot allein.

Ein gutes Wort,
ein kleines Lob.

Davon leben wir
mehr als von Brot.

Wir benötigen
nicht nur das Nötige.

Das Nicht-Nötige
brauchen wir brotnötig.

Der Mensch stirbt
von Brot allein.

# Quintessenz

Die Quintessenz des Lebens ist die Liebe, sagt Albert Einstein, der Vater der Quantenphysik. Die ist so kompliziert, dass die meisten kein Quäntchen davon verstehen. Wie soll denn eine Katze gleichzeitig tot und quicklebendig sein können? Das widerspricht doch dem gesunden Menschenverstand. Uns will auch nicht in den Kopf, dass die neue Rechtschreibung Quäntchen vorschreibt, als Verkleinerungswort von Quantum, obwohl Quentchen eigentlich richtig ist, das historische Handelsgewicht von vier Gramm. So oder so handelt es sich um eine ganz kleine Menge. Ohne ein Quäntchen Glück ist vieles im Leben nicht zu schaffen. Und auch beim Würfelspiel brauchen wir ein wenig Glück, sonst kriegen wir nicht einmal eine „kleine Straße" zusammen. „Der Alte würfelt nicht!", weiß Einstein angeblich und gibt an: „Zwei Dinge sind unendlich: das Universum und die menschliche Dummheit, aber bei dem Universum bin ich mir noch nicht ganz sicher."

Nur mit einem Quäntchen Humor ist das Leben auszuhalten. Wie heißt es doch so schön: „Humor ist der Knopf, der verhindert, dass uns der Kragen platzt!"

Und wenn wir auch nur ein kleines Miniquäntchen dazu beitragen, dass andere es leichter haben, oder auch nur weniger leiden, dann ist das schon viel. Die Quintessenz unseres Lebens ist letztlich, was wir für andere gewesen sind.

# Erstaunlich

Der Geist ist willig, das Fleisch ist schwach. Ja, wir können so mancher Versuchung nicht widerstehen. Wie oft muss die angebrochene Tafel Schokolade ganz daran glauben. Jeder Mensch hat so seine Schwächen. Und trotzdem wundere ich mich oft, wie stark Menschen sind, die noch so schwach sein mögen. Ich wundere mich, ja ich staune, was Menschen alles aushalten: Leid. Schmerzen. Seelenqualen. Erstaunlich ist erst recht, was ein Mensch dem anderen zuliebe alles vermag. Da steht eine Mutter jede Nacht zweimal auf, um ihr schwer behindertes Kind umzudrehen. Als ich Lore frage, wie sie es geschafft hat, vier Monate lang ihrem todkranken Mann Tag und Nacht so liebevoll beizustehen, antwortet sie mit einem Lächeln: „Wenn der Mensch, den du liebst, dich braucht, dann kannst du das." Und Erich sagt: „Wenn man mir früher einmal gesagt hätte: ‚Du wirst deine gelähmte Frau zwei Jahre pflegen, ihr den Schleim absaugen, den Po abputzen,' hätte ich geantwortet: ‚Das schaffe ich nicht. Das kann ich nicht. Und doch habe ich es geschafft.'"

Die Liebe macht möglich, was unmöglich erscheint. Ich weiß, Liebe ist ein großes Wort. Aber es gibt in uns eine innere Kraft, die uns einfach für einander da sein lässt. Und diese Kraft nennen wir Liebe. Und sie ist wunderbar, bewirkt Wunder. Menschen wachsen weit über sich hinaus, so dass sie im Nachhinein selbst oft nur staunen können. „Wie habe ich das nur geschafft, meinen aidskranken Jungen auf der letzten Strecke zu begleiten und dann noch hinter seinem Sarg herzugehen? Heute könnte ich es nicht mehr. Aber damals hatte ich die Kraft."

# Auf Eiern

Wir legen uns nicht fest,
bleiben lieber neutral.

Wir gehen auf Eiern,
nur keines zertreten.

Einerseits. Andererseits.
Wir sind Wischiwaschi.

Sowohl als auch,
vielleicht, eventuell.

Entschieden unentschieden.
Weder Ja noch Nein.

Jein-Sager.
Don't be a maybe.

Nein, aber Ja doch.

# Ein Armutszeugnis

„Ich freue mich, wenn's den Kindern schmeckt, aber gleichzeitig denke ich: hoffentlich essen sie nicht zu viel, denn dann reicht's hinten und vorne nicht", sagt Jenny, alleinstehende Mutter von vier Kindern. „Und was auch ganz schlimm ist, dass ich kein Geld habe für ihre Wünsche."

Armut hat ganz viele Gesichter. Unzählige Kinder kommen morgens in den Kindergarten oder in die Schule, ohne gefrühstückt zu haben. In Deutschland essen jeden Tag eine Million Menschen in Suppenküchen. Und im Winter sind die Vesperkirchen voll. Zu den Gästen gehören immer mehr alte Menschen, denen die Rente zum Existenzminimum nicht reicht.

Leben ist mehr als existieren, überleben noch nicht leben. Viele versuchen sich mit Betteln über Wasser zu halten, leben von der Hand in den Mund. Nicht wenige durchwühlen Abfalleimer auf der Suche nach Leergut und Essensresten. Rund 1,6 Millionen Bedürftige ernähren sich notgedrungen von abgelaufenen Lebensmitteln. Ohne die Tafel käme nicht viel auf den Tisch, bliebe der Kühlschrank oft leer. Die 800 Tafeln lindern zweifelsohne viel Not, aber sie verfestigen die Armut und machen Menschen zu Almosenempfängern. Ein Armutszeugnis für unseren Wohlfahrtsstaat.

# Auf der Straße

Wohnsitzlosigkeit ist kein Schicksal. Hartz-IV-Empfängern wird die Wohnung gekündigt, weil sie die Miete nicht mehr bezahlen können. Der Mangel an bezahlbarem Wohnraum produziert immer mehr Menschen, die nicht wissen wohin. Rund 800.000 Männer und Frauen leben in Notunterkünften und können die Tür hinter sich nicht abschließen, das sind mehr als Stuttgart oder Düsseldorf Einwohner hat. In Düsseldorf ließ die Stadt große Steine unter die Rheinbrücke legen, damit die Obdachlosen sich dort nachts nicht mehr hinlegen können. Wohin? Eine Notunterkunft kommt für viele auch deshalb nicht infrage, weil dort keine Tiere erlaubt sind. Sie bleiben lieber mit ihrem „Partner" draußen und nehmen ihn in kalten Nächten mit in den Schlafsack. Im Winter reichen oft zwei „Penntüten" (Schlafsäcke) nicht, um die Menschen vor dem Kältetod zu schützen.

Seit der Wiedervereinigung sind rund 300 Menschen auf der Straße in der Kälte erfroren. Ein sogenannter natürlicher Tod. Vielleicht ist es auch nur natürlich, dass manche Obdachlose sich bei Eiseskälte bewusst beim Klauen oder Einbrechen erwischen lassen, um in den Knast zu kommen. Dort haben sie wenigstens ein warmes Bett. „Ein Auto müsste man sein", sagt mir Edgar beim Obdachlosenfrühstück. „Dann müsste ich nachts nicht neben der Tiefgarage liegen und frieren."

In Corona-Zeiten haben die Menschen von der Straße es noch viel schwerer. Die Anlaufstellen und Wärmestuben haben geschlossen. Wie zuhause bleiben, wenn man keins hat?

# Von Fall zu Fall

Nach einem Fall auf keinen Fall liegen bleiben.
Auf jeden Fall einmal mehr aufstehen als fallen.
Auf keinen Fall etwas dem Zufall überlassen.
Gut vorbereitet sein für den Fall des Falles.
Im Falle meines Ablebens ...
Bisher gab es noch keinen einzigen Fall,
bei dem der Fall nicht eingetreten ist.
Ein Todesfall kann auch ein Glücksfall sein.
Dieser Mordfall ist immer noch ungelöst.
Der Gärtner war es in diesem Fall nicht.
Die Fallstudie bietet interessante Fälle,
auch der Fall mit dem Fallbeil.
Ein fieses Fallbeispiel.
Mancher Sozialfall fühlt sich als Abfall.
Der Nominativ ist der normale Namensfall.
Der Dativ bringt den Genitiv zu Fall. Zu-Fall?
Ein ausgefallener Einfall: Wortdurchfall.
Im Falle eines Falles
bitte nicht auf den Kopf fallen.
Und schon gar nicht in die Fallgrube.

# Lebensretter

Beate sagt: „Meine Katze war es, die mich vom Suizid abgehalten hat. Sie hat mich immer so traurig angeschaut. Ich habe es nicht übers Herz gebracht, von der Brücke herunter zu springen, denn dann wäre sie ins Tierheim gekommen."

Harry setzte sich den Druck immer vor den Augen seines Hundes. Und jedes Mal schaute der Hund sein Herrchen traurig an und jaulte, als wolle er ihm sagen: Höre doch endlich auf damit. Deine Sucht macht dich kaputt. Als Harry wieder einmal den Löffel über die brennende Kerze hielt, hat sein Hund so laut gejault, dass Harry es nicht übers Herz brachte, sich das Heroin zu spritzen. Er hat alles ins Klo geworfen und seitdem die Finger vom Gift gelassen.

„Wieso habt ihr mich wieder in dieses Scheiß-Leben zurückgeholt?", schreit die drogenabhängige Doris den Rettungsarzt nach erneuter Überdosis an. Doris hing mit 16 schon an der Nadel. Sie ging notgedrungen – wie so viele andere Drogensüchtige anschaffen, um sich das Geld für den nächsten Schuss zu beschaffen.

Mit welchem Recht holen Mediziner einen Menschen zurück ins Leben, das für ihn nicht mehr lebenswert ist? Wenn jemand wirklich nicht mehr leben will, so nicht mehr leben kann, erweist der Rettungsdienst diesem Menschen keinen guten Dienst, indem er ihn vom Tod rettet.

# Nicht fair

Eileiterschwangerschaften,
Fehl- und Totgeburten.
Manche kriegen ein Kind
nach dem anderen,
die besser keins bekämen.

Der Vater von vier Kindern
hatte Vorfahrt
und verlor sein Leben.
Der Unfallverursacher
blieb unverletzt.

Sie starb an Lungenkrebs
und hat nie geraucht.
Ihr Mann kommt
mit dem Sargnagel im Mund
zu ihrer Beerdigung.

Ein Millionär gewinnt
zig Millionen beim Lotto.
Die Wahrscheinlichkeit:
1 zu 140 Millionen.
Unwahrscheinlich unfair.

# Toll

Meine Augen sind gut,
sehen sie doch vieles
durch die Finger.

Meine Nase ist toll,
sie riecht schon von weitem,
woher der Wind weht.

Meine Ohren sind spitze,
hören sie doch nichts
lieber als nur Lob.

Mein Mund ist super,
er kann kauen, küssen, singen,
sogar mit vollem Mund reden.

Meine Hände sind stark,
sie tragen, stützen, geben, helfen
und haben keinen Zeigefinger.

# Glatt

Sie verzieht keine Miene. Auch die schlimmsten Nachrichten, die schrecklichsten Bilder lassen die Sprecherin sichtlich unberührt. Sie braucht keine Träne zu verdrücken, aber eine kleine menschliche Regung täte gut. Ein Zittern in der Stimme, ein leiser Seufzer, ein wenig Mitgefühl. Mit Gefühl. Ein Mensch, der nicht nur aus Oberfläche besteht und nicht ganz so flach ist wie der Bildschirm. Eine Fassade. Ein leeres Blatt. Nichtssagend. Ausdruckslos. Nicht die geringste Spur von gelebtem Leben. Stirnfalten geglättet. Glattes Gesicht. Ausradiert, wie die Jahre diesen Menschen gezeichnet haben. Er kann sich nicht mehr sehen, hat sein Gesicht verloren. Offensichtlich. Ein Gesicht wie das andere – ein Einheitsgesicht.

Das Leben hinterlässt Spuren, Falten, Flecken, Furchen, Runzeln, Ringe um die Augen, Tränensäcke. Manches ist unter die Haut gegangen. Denkerfalten. Sorgenfalten. Zornesfalten. Lachfalten. Vielfältig, vielseitig was da auf einer Seite im Gesicht geschrieben steht. Die ganze Lebensgeschichte. Kummer, Freude, Zufriedenheit, Angst, Stress, Enttäuschung. Schon der Mund spricht Bände, auch wenn er nichts sagt. Und der Blick eines Menschen hat auch einiges zu erzählen.

Gesicht zeigen. Maske herunterreißen. Offen und ehrlich in den Spiegel schauen und hören, was Albert Camus dazu sagt: „Von einem bestimmten Alter an ist jeder Mensch selbst für sein Gesicht verantwortlich."

# Nichts desto trotz

Humor:
Wenn man trotzdem lacht.
Trotz seiner selbst.

Galgenhumor:
Unter der Guillotine
ein Witz zum Totlachen.

Schwarzer Humor:
Über den Sensenmann
Tränen lachen.

Trockener Humor:
Unter der Mund-Nase-Maske
über Corona lachen.

Göttlicher Humor:
Als er den Menschen schuf,
musste er trotzdem lachen.

# Star

Heidi sollte in der Schule ein Referat über einen „Star" schreiben – die meisten wählten jemanden aus Funk und Fernsehen ... Heidi hatte einen ganz anderen Star.

„Hallo und herzlich willkommen zu meiner Star-Präsentation. Ich will Euch heute meine Oma vorstellen, sie heißt Iris und ist 66 Jahre alt und kämpft schon 15 Jahre lang mit schwerem Brustkrebs. Am Anfang sagte der Arzt, sie lebt nur noch maximal drei Jahre, alle haben an sie geglaubt und standen an ihrer Seite, aber letztendlich musste sie ja immer noch alleine damit fertig werden. Und das hat sie gemacht und erfolgreich gemeistert. Dank ihrer Kraft und ihrem Durchhaltevermögen lebt sie jetzt immer noch und wir sind alle so froh darüber und stolz, dass sie immer noch an unserer Seite stehen kann. Selbst wenn sie ca. alle 6 Wochen ins Krankenhaus und eine OP durchstehen muss, ist sie trotzdem immer da, wenn man sie braucht!

Weil sie so stark ist und weiterkämpft und hoffentlich niemals ans Aufgeben denkt, ist sie mein großes Vorbild. Bei ihr kann man immer etwas fürs Leben lernen. Das ist meine nette, liebe und starke Oma ...“

# Noch besser unverbesserlich

Viele Erwachsene haben noch immer schwer daran zu tragen, dass sie es als Kinder ihren Eltern nicht recht machen konnten. Wie sehr sie sich auch bemühten, sie vermochten den hohen Erwartungen nicht zu genügen. Was sie auch taten, es war nicht gut genug.

Noch viel mehr junge Menschen leiden darunter, dass sie sich selbst nicht gut genug sind. Sie möchten das eigene Selbst verbessern. Selbstoptimierung. „Werde der, der du sein willst." Um die perfekte Version seiner Selbst zu erreichen, werden Ernährung, Bewegung, Schlaf, Stimmung täglich genau gemessen. Die Selbstvermesser möchten alles komplett kontrollieren. Nicht wenige lassen ihren Körper korrigieren, legen sich unter das Messer. Die Brüste zu klein, der Bauch zu dick, die Oberschenkel zu fett, die Hüften zu breit und die Nase passt natürlich auch nicht.

Es geht nicht nur um die Idealfigur, auch unliebsame Eigenschaften sollen abgelegt werden. Perfekt sein. Das absolute Maximum leisten. Immer noch mehr aus sich herausholen. Immer noch eine Schippe mehr drauflegen. Noch leistungsfähiger, noch besser sein. Die Perfektion anzustreben, führt zu Dauerstress und zwangsläufig auch zu Enttäuschungen. Täusche dich nicht. Du bist o.k., genau so wie du bist.

# Ich bin ich

„Eigentlich bin ich ganz anders, nur komme ich so selten dazu." Ein wahres Wort. Ich bin von meinem Wesen her anders als ich mich oft gebe, als das Bild, das ich von mir abgebe. Eigentlich bin ich ganz anders als der, den andere in mir sehen. Im Grunde bin ich nicht der, den ich nach außen hin darstelle. Leider komme ich nur selten dazu, der zu sein, der ich wirklich bin. Ich schaue zu viel, viel zu viel auf die anderen. Ich gebe mir große Mühe, die Erwartungen meiner Mitmenschen zu erfüllen.

Mein Personalausweis weist meine Größe, Augenfarbe und vielleicht auch ein paar besondere Merkmale aus. Die Polizei kann meinen Ausweis kontrollieren, meine Identität feststellen, aber sie weiß nicht, wer ich eigentlich bin. Was mir eigen ist, mein Alleinstellungsmerkmal, steht in keinem Ausweis. Mich zeichnet aus, dass ich anders als alle anderen bin.

Ein eigener Mensch.
Eigenwillig, eigensinnig,
eigenartig, einzigartig –
nur nicht immer artig.

# Mein Buch

Beim Lesen geht mir
bisweilen ein Licht auf.
In mancher Geschichte
begegne ich mir selbst.

Diese eine Romanfigur,
das bin doch ich.
Und alles was sie sagt,
spricht mir aus der Seele.

Ich schreibe ja
meine eigene Geschichte,
auch wenn ich sie selbst
nicht ganz verstehe.

Und immer noch
suche ich herauszulesen,
was das Leben mir
ins Buch geschrieben hat.

Sieben Siegel.

# Weinen können

„Wenn du weinen kannst, so danke Gott.", weiß Johann Wolfgang von Goethe.

Weinen können. Durch den Willen sind Tränen nicht herbeizuführen, genauso wenig wie der Schlaf. Mir kommen die Tränen. Sie kommen aus der Tiefe meiner Seele, wo ich selbst nicht hinkomme. Früher baten die Menschen Gott um die Gabe der Tränen. Viele wünschen sich ihre Tränen zurück. Sie möchten weinen, aber ihre Tränen sind versiegt. Oder es gelingt ihnen nicht, die innere Blockade zu lösen. Andere sind leer geweint.

In den Tränen ist das gleiche Salz wie im Meereswasser. Tränen schmecken bitter, aber es tut gut, das Bittere heraus zu weinen. Dadurch löst sich der Schmerz. Tränen entlasten, nehmen Druck weg von dem, was uns bedrückt. Weinend kommen wir mit unserer innersten Quelle in Berührung. Tränen sind das Grundwasser unserer Seele. Weinend waschen wir unsere inneren Wunden aus. Tränen bringen Licht in unsere Seele, klären den getrübten Blick. Augen, die geweint haben, sehen klarer.

„Tumore sind die nicht-geweinten, die verschluckten Tränen", sagen uns Heilpraktiker. Wenn keine Tränen fließen, setzt sich der Schmerz in uns fest. Die nicht geweinten Tränen vergiften unseren Körper, versteinern die Seele. Durch das Weinen kommt Trost in unser Inneres – der Trost der Tränen.

# Betroffen

Gefängnis, Suchtklinik,
Obdachlosenheim,
Frauenhaus, Hospiz.

Solange es uns selbst
nicht betrifft,
haben wir keine Ahnung.

Ein Autounfall,
ein Schicksalsschlag,
eine unheilbare Krankheit.

Betroffen
sind wir immer erst,
wenn es uns getroffen hat.

Meine Brust wurde amputiert.
Mein Mann ist Alkoholiker.
Mein Junge sitzt im Knast.

Wenn *mein* davorsteht,
erst dann weiß ich,
wovon ich rede.

# Wie ausgewechselt

„Jetzt kann ich meine Schuhe nicht mehr selber binden. Und telefonieren geht auch nicht mehr. Ich kann nicht mehr Kartenspielen, nicht mehr lesen, nicht mal mehr meinen Namen schreiben ..." Wer an Demenz leidet, hat das Gefühl, dass alles mehr und mehr im Nebel verschwindet, er sich selbst entschwindet. „Man hat mich ausgeschaltet." – „Ich bin nicht mehr bei mir zuhause, bin mir selbst fremd geworden." Rudi Assauer fühlte sich „wie ausgewechselt". An Demenz stirbt man nicht. Es ist ein Tod auf Raten.

Wir verstehen nicht, was ein dementer Mensch von sich gibt. Lebt er doch in einer anderen Welt, die für Außenstehende kaum zugänglich ist. Doch dann sagt er plötzlich etwas, was uns berührt, uns betrifft. Und singen geht immer noch. *Am Brunnen vor dem Tore ... Geh aus mein Herz und suche Freud ...* Mag das Hirn eines Menschen auch abgestorben sein, das Herz ist nicht tot. Es tut immer noch gut, gedrückt, gestreichelt, umarmt zu werden.

Meine Mutter weiß nicht mehr,
dass ich ihre Tochter bin,
doch ich weiß immer noch,
dass sie meine Mama ist.

# Blitzblank

Die Frommen wettern
gegen Blitzableiter:
Ketzerstangen gegen Gott.

Er liebt sie abgöttisch,
doch sie lässt ihn
eiskalt abblitzen.

Donnerwetter.
Das Klo blitzblank
und ich sternhagelblau.

Blitzschnell greift der Greis
der Schwester an den Busen,
wie ein Gewitter im Winter.

Bei Blitzeis gehen
die Menschen Arm in Arm.
Blitzgescheit.

# ABC

A wie Anton, B wie Berta, C wie Cäsar. So haben wir es gelernt. Aber mit der Zeit lehrt uns das Leben ein ganz anderes Buchstabieralphabet.

A wie Alzheimer. B wie Betablocker. C wie Cholesterin. D wie Diabetes. G wie Gastritis. H wie Hämorrhoiden. I wie Inkontinenz. K wie Krebs. L wie Leukämie. M wie Melanom. O wie Osteoporose. P wie Parkinson. R wie Rheuma. S wie Schlaganfall. T wie Thrombose. V wie Verstopfung. W wie Wundliegen. Z wie Zittern.

Allein der Buchstabe A hat es buchstäblich in sich: Arthritis, Alterszucker, Angina pectoris, Altersdepression, Atembeschwerden, Atemnot, keine Luft kriegen. Einatmen Ausatmen das A und O.

Nach der Geburt haben wir schnell nach Luft geschnappt. Wir brauchen einen langen Atem, bis wir unser Leben aushauchen. Aus. Amen. Alpha und Omega. Aller Ende Anfang?

Wer A sagt, muss auch B sagen: Bestattung. Beerdigung. Wir kehren zur Erde zurück. Erde zu Erde. Staub zu Staub. Flüchtig, leicht schwebt er dahin. Wohin?

Woher der Staub wohl kommt? Wischen, wedeln, fegen, saugen, kehren …

Der Staub kehrt wieder. Bis wir zu Staub wieder kehren.

# Unsere Lehrmeister

Stehen steht für Rückgrat, Stärke.
Aufstehen, Widerstand leisten,
gerade stehen, einstehen,
eigene Schuld gestehen.

Bäume haben keine Beine,
können nicht davonlaufen,
sie müssen stehen bleiben,
Wind und Wetter überstehen.

Wir brauchen starke Wurzeln,
um in stürmischen Zeiten
standfest zu bleiben
und das Leben zu bestehen.

Bäume weinen nicht,
sind nicht wehleidig.
Sie lehren uns durchzustehen,
stehend zu sterben.

# Körperlehre

Du kannst dir selbst
ein Bein stellen.

Du kannst dich selbst
auf den Arm nehmen.

Du kannst dir selbst
die Daumen drücken.

Du kannst dir selbst
auf die Schulter klopfen.

Aber du kannst dir selbst
nicht die Hand halten,
wenn du hinübergehst.

# Ein Kind kriegen

Zeugungsversuche, künstliche Befruchtung, Samen-spender. Es wird alles Mögliche getan, um den Kinder-wunsch zu erfüllen. Und wenn es dann gelingt, kommt ein wahres Wunschkind zur Welt. Doch bei vielen bleibt es bei fruchtlosen Versuchen. Auch Kathy und Karl hat-ten keine Kosten und Mühen gescheut, doch alles um-sonst. Sie entschlossen sich ein Kind zu adoptieren. Dazu muss ein Paar zwar nicht verheiratet sein, doch Eheleute haben bessere Chancen für eine Kindesadopti-on. Als beide dann heirateten, war Kathy bereits mehre-re Monate schwanger. Vier Monate nach ihrer Hochzeit wurde Sophie geboren. „Ein Kind ist uns geschenkt." Natürlich. Ein Jahr später wuchs in Kathys Schoß erneut ein Kind heran. Ihre Liebe hatte wieder Hand und Fuß bekommen. Und Sophie hat inzwischen ein Brüderchen: Simon.

Jedes Neugeborene ist ein Geschenk des Himmels, auch wenn es kein Wunschkind ist. Ein Kind kriegen. Eltern können kein Kind machen. Empfängnis. Wunder-bar, wie aus einer winzigen Eizelle Billionen Zellen er-wachsen. Kein Zellklumpen, ein Kind, das lieben und leiden, denken und fühlen kann. Ein Menschenkind, ein Engelchen. Auch wenn es ein Retortenbaby ist.

# Außergewöhnliche Geburtsorte

Geburt auf der Autobahn. Der Weg ins Krankenhaus war einfach zu weit: Eine Frau hat auf dem Standstreifen der Autobahn 8 bei Stuttgart ein Baby zur Welt gebracht. Die Eltern waren auf dem Weg ins Krankenhaus, aber plötzlich mussten sie in letzter Minute rechts heranfahren. „Dann ging jedoch alles schneller als gedacht", und das Mädchen wurde geboren, bevor Feuerwehr und Notarzt eintrafen. „Was bei der Kleinen wohl später als Geburtsort im Ausweis steht?", rätselten die Polizei-Beamten in ihrem Facebook-Beitrag.

Ein höchst ungewöhnlicher Geburtsort ist auch über den Wolken. Und doch gibt es ab und zu eine hochschwangere Mutter, die in ein paar tausend Metern Höhe niederkommt und ein Kind gebärt. Als Geburtsort wird der Ort eingetragen, in dem die Mutter mit Kind an Land geht. Und welche Staatsangehörigkeit hat das Neugeborene? Für den Fall, dass ein Kind über einem Gebiet geboren wird, das keiner Nation zuzuordnen ist – wie etwa mitten über dem Pazifik – gilt nach einer UN-Konvention das Land als Geburtsort, in dem das Flugzeug registriert ist. Ein Kind, das über den USA geboren wird, ist automatisch US-Amerikaner.

Gefängnis als Geburtsort ist die letzte Adresse. Manchmal aber wird ein Kind in der Gefängniszelle geboren. Etwa bei einem Blasensprung, bevor der Krankenwagen kommt. In der Regel fahren Vollzugsbeamte die Mutter im JVA-Transporter zur Entbindung. Fünf Tage bleibt sie „unbewacht und ohne Handschellen" im Krankenhaus. Dann muss sie wieder zurück in den Knast.

Und auch ihr Baby. Die Höchststrafe.

# Q = Kuh

Ohne Kuh
kein Quark,
kein Quatsch,
kein Qualifying
und auch kein IQ.

Der Querdenker
denkt diagonal,
der Querulant
legt sich selbst
im Bett noch quer.

Der Quacksalber
mit seinen Salben
salbadert, schmiert
ohne Qualifikation
seine Klienten an.

Die Quote
beim Sterben liegt
trotz Qualitätsmedizin
immer noch
bei 100 Prozent.

# Unterwegs

„Auch unterwegs?", fragen wir einander im Vorübergehen. Das Leben ist ja ein langer Weg. Und wir sind alle schon lange unterwegs. Als unsere Mutter schwanger war, hieß es: „Da ist etwas unterwegs." In ihrem Schoß fühlten wir uns wohl, geborgen. Und wir hatten alles, was wir brauchten. Wenn wir gewusst hätten, was uns „draußen" erwartet und wir die Wahl gehabt hätten, wären viele von uns wohl lieber „drinnen" geblieben. Aber wir wurden nicht gefragt. Ungefragt wurden wir aus der wohligen Wärme in die kalte Welt hinausgestoßen. Auch wenn wir keine Erinnerung an die Zeit vor unserer Geburt haben, sehnen wir uns manchmal zurück in den Mutterschoß, in diese schützende Hülle, ohne Sorge, ohne Angst, weit weg vom Lärm dieser Welt. Wenn man Heroinabhängige fragt, was die Droge ihnen gibt, antworten sie: „Da fühle ich mich wie im Mutterleib, so glücklich bin ich dann, einfach selig."

Nicht immer einfach, nüchtern seinen Weg weiter zu gehen. „Auch unterwegs?" – „Ja, aber ich gehe woanders hin." Keiner geht woanders hin. Denn welchen Weg wir im Leben auch gehen, es gibt für uns alle nur diesen einen Weg. Ungefragt kamen wir zur Welt, und ohne gefragt zu werden, müssen wir auch wieder gehen. Und dieses Ungefragt spitzt die Frage noch zu: Was ist der Sinn? Wozu dieser Weg? Vielleicht sind wir auch nur unterwegs, um neu geboren zu werden.

# Wie geht's?

Da begegnen sich zwei Menschen für einen Augenblick
und stellen einander eine Frage,
die ehrlich beantwortet Stunden bräuchte.
Das kann ja nicht gut gehen.
Wie geht es Ihnen? Danke. Und selbst? Auch Danke.
Höflich gehen wir miteinander um,
umgehen uns mit Floskeln.
Eigentlich möchten wir nur hören, dass es geht.

So gehen wir weiter, ohne auch nur zu ahnen,
wie es dem anderen geht.
Möchten wir es wirklich wissen?
Wenn jeder, den wir fragen,
uns offen sagen würde, wie es ihm geht,
könnten wir nicht einfach weitergehen.

„Wie geht's denn sonst?"
„Aber sonst geht's. Danke."
Ohne Danke geht's auch:
„Wie geht's Ihnen?"
„Ich wüsste nicht, dass Sie das etwas angeht.
Oder haben wir schon mal zusammen
Schweine gehütet?"

# Lieb und nett

Straftaten bringen oft erst ans Licht, wie sehr wir uns in einem Menschen täuschen können. Auch nach einem furchtbaren Verbrechen bezeugen Nachbarn oft, wie nett und lieb der Täter gewesen sei. Übeltäter sehen nicht übel aus. Wenn es nur nach dem Aussehen ginge, wünschte sich manche Mutter einen Sexualstraftäter zum Schwiegersohn.

Als ein Pastor angeklagt wurde, seine Frau brutal erschlagen zu haben, waren seine Mitglieder fest von seiner Unschuld überzeugt. Auch noch nachdem das Gericht den „guten Hirten" in einem Indizienprozess zu acht Jahren Haft wegen Totschlags verurteilt hatte.

Das Bild, das wir von einem Menschen haben, ist immer auch ein Abbild von dem, was wir in ihm sehen möchten. Unsere Sicht, unsere Ansicht bestimmt unsere Wahrnehmung. In manchen Menschen projizieren wir eine Menge Gutes hinein, in anderen sehen wir nur Böses. Die Firma Benetton zeigte vor Jahren auf ihren Plakaten Gesichter von zum Tod Verurteilten. „Dem Tod ins Gesicht sehen." Da schauten uns Männer und Frauen an, als wollten sie uns sagen: Schau mich an. Dann weißt du, wie ein Mörder aussieht. Wie du siehst, bin ich kein Monster. Ich bin ein Mensch wie du. Du denkst, ich könnte keinen anderen umbringen. Das habe ich auch einmal gedacht.

# Opfer Täter Opfer

Die meisten Gefangenen, die wegen Körperverletzung inhaftiert sind, wurden als Kind selbst geschlagen, verprügelt, misshandelt. Geschlagene schlagen zurück. Der Geschlagene wird zum Schläger. Nach dem Motto: „So wie andere mit mir umgegangen sind, gehe ich mit ihnen um." Wie du mir, so ich dir. Das ist nicht immer so, aber allzu oft werden Opfer zu Tätern. Das Leid, das sie in ihrer Kindheit gelitten haben, fügen sie eines Tages anderen zu, unschuldigen Opfern. Es geht nicht um Entschuldigung. Schließlich gibt es auch Menschen, die trotz schwerster Kindheit „anständige" Bürger geworden sind. Dennoch gibt es oftmals einen ursächlichen Zusammenhang zwischen Kriminalität und Biografie.

Im Umgang mit Straftätern habe ich gelernt, wie die Indianer zu beten: „Großer Geist hilf mir, dass ich keinen richte, ehe ich nicht einen halben Mond lang in seinen Mokassins gegangen bin."

Bevor ich mich zum Richter über einen anderen aufspiele, sollte ich erst einmal ein Stück weit den Weg gehen, den er gegangen ist. Wenn ich auch nur 14 Tage in seinen Schuhen gesteckt hätte, verstünde ich, warum er gestrauchelt, gefallen, straffällig geworden ist. Wenn ich den Werdegang eines Menschen kenne, kann ich verstehen, warum er so geworden ist. Verstehen heißt nicht entschuldigen. Aber wer versteht, verurteilt nicht.

# Lebendkontrolle

Die Frühschicht im Gefängnis fängt mit der Lebendkontrolle an. Inhaftierte müssen sich durch Rufen oder Winken bemerkbar machen. Nicht ganz selten wird ein Gefangener tot in seiner Zelle aufgefunden. Da hat sich ein „Stotterer" mit seinem Hosengürtel am Gitter erhängt, sechs Tage nach seiner Einlieferung. Die Schockeinwirkung der Haft treibt manchen Untersuchungsgefangenen in den Tod. Ein Suizid wird oft als Schuldgeständnis gesehen.

Für die Selbsttötung hinter Gittern kann es viele Gründe geben. Da ist der Lebenslängliche, der am Vorabend noch im Gefangenen-Chor gesungen hat. Von außen schien alles in Ordnung. Hat der 56-jährige Mann es nicht verkraftet, dass er von seiner Familie keinen Besuch bekam? Die Frau mit den sechs Kindern hatte keine Möglichkeit, den weiten Weg ins Gefängnis zu finanzieren. Und warum hat der Mitarbeiter der Bücherei, der immer so gut drauf war, sich die Pulsadern aufgeschnitten? Hat er keinen anderen Ausweg mehr gesehen, nachdem die Zellennachbarn ihn immer wieder bedroht hatten? Oder konnte er auch nach 11 Jahren Haft immer noch nicht damit leben, seine Frau erwürgt zu haben, ein Mörder zu sein?

Auch in der Abschiebehaft bietet die Lebendkontrolle morgens manchen unschönen Anblick. In den letzten drei Jahren haben über 20 abgelehnte Asylbewerber in Deutschland sich das Leben genommen aus Angst nach ihrer Abschiebung in ihrer Heimat gefoltert oder umgebracht zu werden.

# Coaching & Co

Coaching ist in aller Munde. Genauso wie Feinstaub. Coaching heißt nicht gleich Dreck, auch wenn das, was aus Amerika kommt meist nicht sauber ist. Porno, Peepshow ... und auch Donald Trump ist nicht sauber: „Belgien ist eine schöne Stadt." Geld ist überall schmutzig, aber der Dollarschein stinkt zum Himmel. In God we trust. Seid ihr noch ganz bei Trost! Das Wort Sale ist auch nicht sauber, bedeutet es ursprünglich auf Französisch doch schmutzig, dreckig. Ein Haufen Dreck auf den Wühltischen im Kaufhaus.

Sauber übersetzen lässt sich Coaching nicht. Berater, Psychologe, Helfer, Optimierer. Coach for life, ein Mann, eine Frau für alle Fälle. Karriere-Probleme, Geldsorgen, Single-Dasein, Liebesleben. Der Liebes-Coach weiß, wo der Schuh drückt. „Warum gerate ich immer wieder an den Falschen?" – „Für wen soll ich mich entscheiden, für meine Frau oder meine Geliebte?" – „Was kann ich tun, damit es in unserer Beziehung besser läuft?" Coach darf sich jeder nennen, die Berufsbezeichnung ist nicht geschützt. Jeder kann sich auch Manager, Finanzberater, Sozialtherapeut, Journalist, Seelsorger, Lebensberater nennen. Direktor macht sich auch ganz gut auf der Visitenkarte und kann sich auch auf der Website sehen lassen. Angabe ist auch eine Gabe – ein Gift, wie die Amis sagen.

# Himmel Herrgott Sakrament

Deutschland Exportweltmeister. Made in Germany – ab geht's in die weite Welt. Müll bis nach Malaysia. Gleichzeitig werden immer mehr Waren importiert. Und Menschen. Was wäre die Bundesliga ohne ihre ausländischen Spieler? Ohne die Krankenschwestern aus dem Ausland müsste manches Krankenhaus schließen.

Und was wäre die katholische Kirche hierzulande ohne ihre Import-Priester? Etwa jeder dritte der aktiven Priester kommt aus Polen, Indien oder aus afrikanischen Ländern. Nicht immer lustig. Als ein Kind den schwarzen Pfarrer zum ersten Mal in der Kirche sieht, sagt es zu seiner Oma: „Oma, den müssen wir waschen." Nach Brandenburg oder Vorpommern schickt die Kirchenleitung keinen schwarzen Priester. Ein Schelm, der Böses dabei denkt.

Das Anwerben von Priestern im Ausland entspricht dem spätkolonialistischen Leitsatz: „Hauptsache, wir sind versorgt." Inder bilden mit etwa 30 Prozent die größte Gruppe unter den ausländischen Priestern. Von ihrem Gehalt müssen sie bis zur Hälfte an ihren Heimat-Bischof abgeben. Ausbeutung. Damit haben wir nichts zu tun, sagen die deutschen Bischöfe. Ihnen geht es nur darum, Löcher zu stopfen, als wäre das die Lösung für den Priestermangel. Und auch der Papst rührt nicht an den Zölibat, die heilige Kuh der katholischen Kirche. Und so kann in den abgelegenen Gebieten des Amazonas manchmal nur einmal im Jahr die Heilige Messe gefeiert werden. Und bei uns kann Maria 2.0. sich auf den Kopf stellen, die Kirchenmänner werden weiterhin die Augen verschließen

# Lady Gaga und der Gekreuzigte

Lady Gaga hat mehr als 30 Millionen Follower, „kleine Monster", wie die Popikone ihre Anhänger nennt. Ihnen erzählt sie auf Twitter regelmäßig Wichtiges und Belangloses aus ihrem Leben. Klick. Lady Gaga news. Die schrille Sängerin ist natürlich auch auf Instagram, YouTube und Facebook zu hören und zu sehen. Die Diva folgt ihren Fans auf dem Fuß.

„Wer mir folgen will, nehme täglich sein Kreuz auf sich und folge mir nach." Ganz schön gaga. Ein normaler Mensch tut ja alles, um sein Kreuz loszuwerden. Wer will schon leiden? Doch auch 2000 Jahre nach seinem Tod am Kreuz folgen ihm immer noch ein paar Frauen und Männer mehr als Lady Gaga. Viele tragen sogar das Leid der anderen mit, begleiten sie liebevoll auf ihrem Kreuzweg. Geschlagene und Geschundene schauen auf das Haupt voll Blut und Wunden. Kranke und Sterbende hängen ihre Hoffnung ans Kreuz. Der Schmerzensmann gibt Trost in Trauer und Leid. Manche Follower lassen sich sein Kreuz eintätowieren. Jesus geht unter die Haut. Stich für Stich wird die Dornenkrone eingestochen. Ein Christus Tattoo auf vollem Rücken. Am Unterarm. Auf dem Bizeps. Ein starkes Stück. Glaubensbekenntnis am eigenen Leib.

Jesus liebt dich. Doch viel besser als diese Tod-und-Teufel-Tattoos. Ladys Gagas Körper zieren 24 Tattoos. Auf ihrem Rücken eine zarte Rosenblüte „La Vie en Rose" – Via dolorosa das Gegenteil.

# Kirche zum Verkauf

Orden sterben aus, Klöster werden verkauft, Kirchen stehen zum Verkauf. Morsch. Baufällig. Einsturzgefährdet. Aus dem Gotteshaus wird ein Fitnesscenter. Gestählte Bizeps-Bodys statt der Elendsgestalt am Kreuz. Kredit statt Credo in der Kreissparkasse-Kirche. Anstelle des Tabernakels mit dem Allerheiligsten Banksafes mit Geld und Gold. Der Supermarkt in ehemals heiligen Hallen wird zum Touristenmagnet. Und auch das Heilig Geist-Tanzlokal mit Restaurant ist der Hit. Häppchen statt Hostien, Theke statt Altar, Bar statt Beichtstuhl. Ein Kirchenraum lässt sich zu allem umfunktionieren: Kletterhalle, Konzertsaal, Kita, Gaststätte, Museum, Disco, Moschee, Begegnungsstätte, Altersheim oder auch ein Kolumbarium. In den Urnen der heilige Rest der Verstorbenen.

Nun liegt die Kirche selbst im Sterben und ist nicht mehr zu retten. Der letzte Gottesdienst in einem entweihten Gebetshaus macht tief traurig. Die Stimmung ist bedrückend wie bei einer Beerdigung. Viele haben Tränen in den Augen. Erinnerungen an die gute alte Zeit: *Ein Haus voll Glorie schauet ...* Es tut weh. Voller Wehmut der Abschied. Zum letzten Mal läuten die Glocken, zum letzten Mal ertönt die Orgel, zum letzten Mal das Vaterunser, zum letzten Mal erklingt zum Schluss das Lied *Großer Gott wir loben dich.* Zum letzten Mal die letzte Strophe. Zum letzten Mal die letzte Zeile: ... *Auf dich hoffen wir allein, lass uns nicht verloren sein.* Die Orgel gibt den letzten Ton von sich.

Zum letzten Mal ziehen die Gläubigen aus der Kirche aus. Der Letzte macht das Licht aus.

# Sie

Die Sprache ist weiblich,
von Männern gemacht.
Dame dämlich, Herr herrlich.
Herrlich dämlich.

Die Kirche ist weiblich,
der Priester männlich
und auch der Papst kann
natürlich nur ein Mann sein.

Der Vatikan ist männlich,
die Kurie weiblich,
ein purer Altherrenclub
in purpurroten Frauenkleidern.

Der Herr ist männlich.
Als Gott Adam schuf,
übte sie nur
Rache.

# Arme Ohren

Unsere Ohren tun mir manchmal leid. Was sie alles zu hören bekommen: Informationen, Nachrichten, Gerede, Geschwätz, Gerüchte. Und dann noch dieser Lärm. Ohrenbetäubend. Viele haben Hörschäden, müssen schon in jungen Jahren ein Hörgerät tragen. Die Ohren können sich nicht wehren. Immer sind sie offen, während unsere Augen sich schließen können. Auch wenn wir weghören, hören wir, was wir nicht hören wollen. Wir mögen uns noch so taub stellen, wir können manches nicht überhören. Manchmal spitzen wir die Ohren, um zu hören, was andere über uns sagen. Den einen oder anderen Satz haben wir immer noch im Ohr, hallt noch immer nach. „Du bist schuld." – „Du hast versagt." – „Das werde ich dir nie verzeihen."

Viele von uns können das Wort *Corona* nicht mehr hören. Nachrichten, Sondersendungen, Talkshows, Politikerreden, Predigten, private Gespräche: Alles dreht sich nur noch um dieses alles beherrschende Thema. Jedes zweite Wort *Corona*.

Ach, könnten wir doch wenigstens nachts die Schotten dicht machen! Aber auch da sind wir noch hellhörig, hellwach. Und es hilft auch kein Oropax, wenn der Schatz neben uns schnarcht und an unseren Nerven sägt. Dann, ja dann ... 14 Prozent der Frauen geben zu, dass sie ihn dann umbringen könnten ...

PS: Ich bin selbst manchmal auch ganz nahe dran, vom Pfad der Tugend abzuweichen, wenn meine bessere Hälfte wieder einmal den halben Wald absägt. Sie glaubt mir nicht und sagt: „Ich habe mich noch nie schnarchen hören."

# Gut und Böse

Verzweifelt versucht eine junge Frau sich das Leben zu nehmen. Im letzten Moment wird sie gerettet. Zwei Jahre später stirbt sie an Krebs. Wäre die Selbsttötung nicht besser gewesen als vom Krebs umgebracht zu werden?

Nach der Prostata-Operation hat der Mann ideale PSA-Werte. Doch sein Geist baut langsam ab, Alzheimer. Als seine Frau es bei aller Liebe zu Hause nicht mehr schafft, kommt der Mann ins Heim, wo er gut drei Jahren später einer Lungenentzündung erliegt. Waren die guten Prostata-Werte wirklich gut für den Mann und seine Frau? Gut und Böse sind manchmal nicht eindeutig zu identifizieren. Das Leben lehrt uns, dass das Gute oft nicht so gut ist, wie wir ursprünglich gemeint haben. Im Nachhinein sehen wir, wozu das Schlechte gut war. Gut und Böse, so einfach ist das nicht. Die Gefängnismauer lässt uns glauben, dass die Bösen drinnen und die Guten draußen sind. Aber viele Gefangene sind nicht so schlecht wie ihr Ruf. Und die Spur des Bösen läuft auch durch gute Menschen. Die Guten und die Bösen gibt es nicht. Aber es gibt viele, die glauben, dass sie besser sind als andere.

Zweifelsohne tun manche Menschen viel Gutes. Aber ihre Hilfsbereitschaft wird oft abwertend als Helfersyndrom dargestellt. Männer und Frauen, die sich ehrenamtlich in der Flüchtlingshilfe engagieren oder sich gegen Angriffe auf Flüchtlingsheime stellen, haben es nicht verdient, als Gutmenschen beschimpft zu werden. „Gutmensch" ein böses Unwort genauso wie „Klimahysterie". Als wären die Menschen, die sich um das Klima kümmern krank. Greta Thunberg sei Dank!

# Gegensätze

Eine Krankheit kann heilsam sein, der Verlust ein Gewinn. Gegensätze verkehren sich ins Gegenteil. Ein Unglück kann sich zum Glück wenden. Wunden verwandeln sich in Weisheit. Jung und alt scheinen unvereinbar. Manche Alte bleiben aber jung, während andere in jungen Jahren schon alt sind. Schwer und schön passen nicht zusammen. Aber ohne das Schwere wird das Leben leicht flach, oberflächlich. Es verliert an Tiefe. Das Leben ist ganz schön schwer. Auch Körper und Geist sind nicht streng voneinander zu trennen, genauso wenig wie Leib und Seele. Seelisches Leid wirkt sich im Körperlichen aus. Und körperliche Erkrankungen haben oft seelische Ursachen. Gegensätze lösen sich auf, werden ein Paar. Furchtbar nett, schrecklich schön, wirklich fantastisch.

Fluch und Segen widersprechen sich. Und trotzdem ist die Medizin Fluch und Segen zugleich. Der Fortschritt in der Medizin hat unser Leben erheblich verlängert. Aber das immer länger leben bringt oft auch viel Leid mit sich. Vielleicht fügt die moderne Medizin uns letztlich mehr Schaden zu als Nutzen. Die Chinesen sagen: „Besser zwei Jahre zu früh sterben als ein Jahr zu spät."

Wer zu spät stirbt, den bestraft das Leben.

# Stolpersteine

Frauen stolpern
über das Wort Fräulein.
Männer stolpern
über den Buchstaben Q,
eine Null mit Schwänzchen.

Stolpern,
straucheln, fallen,
auf die Nase fliegen
bringt uns weiter
als auf der Stelle zu treten.

Stolpersteine auf dem Gehweg erinnern uns an den
Menschen, der hier gewohnt hat, bevor er ins KZ deportiert wurde. Millionen sind in den Todesfabriken der Nazis durch den Schornstein gegangen.

Stolpersteine lassen uns still stehen
und nicht darüber hinweg gehen.

# Glücklich

Auf dem Flohmarkt sehe ich ein Bild, das früher in vielen Häusern hing: Die Jagd nach dem Glück. Da ist eine Frau zu sehen, die mit flatternden Gewändern auf einer Kugel durch die Lüfte fliegt und darunter ein Mann, der mit sehnsüchtig ausgestreckten Armen hinter ihr herjagt und versucht, sie zu erhaschen. Vergeblich. Das Glück ist nicht greifbar. Trotzdem jagen wir dem Glück weiter nach und glauben, es in den Griff zu bekommen. Manchmal kommt uns die Dame Fortuna ganz nah und es gelingt uns sogar ein Zipfelchen ihrer Gewänder kurz in der Hand zu halten. Wir sind überglücklich. Wir schweben auf Wolke sieben. Aber unser Höhenflug dauert nicht lange an. Unsere Glücksmomente sind immer nur kurz.

Heutzutage wird so getan, als ob es einem ständig gut gehen muss. Das Leben ist aber viel zu schwer, um uns dauerhaft glücklich zu fühlen. Wir können nicht immer nur lächeln und strahlen – wie uns die Leute in der Werbung vormachen. Und auch erfüllte Wünsche bereiten keine andauernden Glücksgefühle. Selbst wenn wir uns jeden Wunsch erfüllen könnten, wären wir nicht wunschlos glücklich. Am glücklichsten sind oft die Menschen, die keine Wünsche (mehr) haben.

# Annahme verweigert

Ein Päckchen für Sie.
Ich will kein Päckchen.
Annahme verweigert.
Zurück an Absender.

Ein Päckchen für Sie.
Ich will das Päckchen nicht.
Annahme verweigert.
Zurück an Absender.

Dieses Päckchen für Sie.
Ich will ein anderes Päckchen.
Zurück an Absender.
Annahme verweigert.

# HohlSPIEGEL

DER SPIEGEL hält Kreuzfahrern immer wieder den Spiegel vor. S.O.S. Der Kreuzfahrt-Wahnsinn – Die dunkle Seite des Traumurlaubs: verschmutzte Ozeane, Luftverpestung, Ausbeutung. Menschenmassen. Die schwimmenden Hotels sind Klimakiller, verbrauchen pro Stunde fünf Tonnen Treibstoff, meist Schweröl. SpiegelLeser wissen mehr. Die Welt retten, ohne sich einzuschränken – geht das? Aber Ja doch! Wasser predigen, Wein trinken. Kreuzfahrten verteufeln und selbst welche anbieten: „Traumhafte Kreuzfahrten für unsere Leser. Auf den Traumschiffen SPLENDIDA, POESIA, PREZIOSA, BELLISSIMA."

*Traumrouten mit deutschsprachigen Schiffen*
*Anzeige aus der „Bunten Reisewelt".*

Statt anderen gnadenlos den Hohlspiegel vorzuhalten und sich lustig über ihre Sprachpannen zu machen, sich selbst einmal im Spiegel des SPIEGELs betrachten. Hohl. Hohler. HohlSPIEGEL.

# Unverschämt

Flugscham. Das Wort bewirkt nichts. Die Zahl der Fliegenden steigt weltweit weiter. Gewettert wird vor allem gegen Billigflüge. Die sind ja auch spottbillig. Für 19 Euro nach Barcelona. Die Fahrt von Stuttgart nach Köln mit dem ICE kostet gleich dreimal mehr – mit BahnCard 50! Und auch die Inlandsflüge sind oft noch günstiger als die Anreise per Bahn oder Auto. Über den Wolken muss die Freiheit wohl grenzenlos sein. Steuerfreies Kerosin. Steuerfrei an Bord shoppen. Billig. Billig. Viele fliegen zum shoppen gehen mal schnell nach London, Paris oder Mailand. Shop und go. Die Konsumtempel sind voll mit Shoppingmäusen. Kaufwandeln. Kleider, Klamotten, Kruscht und Kram. Home shoppen. Online shoppen. Shoppingscham. Schämen sollten die sich, welche die Billigtextilien aus Bangladesch kaufen.

Und das Billigfleisch der Massentierhaltung. Nur können die Armen sich das teure Bio-Fleisch vom Bauernhof nicht leisten. Oder sollen sie sich schämen, dass sie arm sind? Und sie sich von abgelaufenen Lebensmitteln ernähren. Beschämend ist, wie viele Lebensmittel bei uns weggeworfen werden. Und wie viel Dreck die dicken Autos von sich geben. SUV-Scham. Plastikscham. Fast-Food-Scham ... Die Schamliste wird immer länger, die Scham-Zone immer breiter. Unverschämt, wofür wir uns alles schämen sollen.

# Fleischscham

Wenn wir wüssten,
was die Tiere durchlitten haben,
bis sie auf unseren Teller kommen,
würde uns das zarte Fleisch,
das saftige Steak im Halse stecken bleiben.

Wenn wir auch nur ein einziges Mal
miterleben und mitfühlen könnten,
was ein Tier auf dem Viehtransport durchmacht
und wie bestialisch es im Schlachthaus zugeht,
würde uns das feine Filet erwürgen.

Wenn wir die Schweine, Schafe,
Rinder, Hühner, Puten, Enten, Gänse
auf unserem Teller sehen könnten,
würden wir uns mit ihren Augen sehen
und uns schämen.

# Werden wie die Kinder

Kinder können sich noch wundern, bewundern die einfachsten Dinge. Sie haben noch ein Gespür für das Wunder, das in allem steckt. Mit offenem Mund und großen Augen stehen sie da, kommen aus dem Staunen nicht heraus. Kinder sind neugierig, stellen viele Fragen, wollen wissen, warum alles so ist, wie es ist. „Wer? Wie? Was? Wieso? Weshalb? Warum? Warum haben Tiger Streifen? Warum ist Papa weggegangen? Warum musste mein Meerschweinchen sterben?" Und Anton, 5, fragt beim Essen: „Wie finde ich den Weg zu meinem Herzen?" Da können Eltern lange googeln ... Die vierjährige Nia möchte von ihrer Mutter wissen, wie der liebe Gott die Menschen in den Himmel holt, seine Arme sind doch nicht so lang. Als die Mama ihr sagt, dass wir das alle nicht so genau wissen, meinte die Kleine: „Vielleicht kommt er mit einem Flugzeug."

Kinder sprechen auch mit Mister Gott, natürlich. Sie wünschen ihm gute Nacht. Und sie fragen ihn: Gibt's im Himmel Fernseher?

Kinder hüpfen, springen, tanzen vor Freude, sie bringen uns spielen bei, springlebendig zu sein. Die Kleinen lehren uns im Nu jetzt zu leben. Von unseren Kindern können wir vieles lernen, noch mehr als von unseren Eltern.

# Gute Nachrichten

Beim Kollegen wächst der Tumor wieder im Kopf. Die Nachbarin hat Bauchspeicheldrüsenkrebs. Meine Schwägerin bekam gestern die Diagnose: Brustkrebs. Hiobsbotschaften am laufenden Band. Und was kommt heute? Und dann noch die Nachrichten. Grausames Elend auf allen Kanälen.

In einem Brief der Klasse 3 an die ARD schreiben Schüler: „Die Tagesschau verbreitet so viele schlechte Nachrichten. Manche von uns können deshalb nicht mehr gut schlafen. Helfen Sie uns, mit Mut und Vertrauen ins Leben zu gehen." Ja, wo bleiben die guten Nachrichten? Dass alle Flugzeuge heute gut gelandet sind, ist doch nicht der Rede wert. Aber wer sucht, der findet.

Eine neue, in Hessen entwickelte Methode erlaubt die Schlachtung von Rindern ohne Tiertransporte und damit ohne zusätzlichen Stress für die Tiere. Dabei kommt der Schlachter mit einem eigens dafür entwickelten Schlachtanhänger auf den Hof.

Und ein Bremer Supermarkt erlaubt das „Containern" – mit Regeln: Hinweise und Verhaltensregeln sollen Bedürftigen und Lebensmittelretter/innen die Angst nehmen, „erwischt" zu werden. Juristisch ist Containern Diebstahl. Gleichzeitig wird erklärt, was ohne Bedenken aus der Tonne gegessen werden kann. Verschiedene Vereine verteilen noch gute Lebensmittel weiter. Verschwendung. Kommt nicht in die Tonne!

# Richtig süchtig

Die Menschen am Rande halten uns einen Spiegel vor. Schauen wir hin, richtig hinein. Dann begegnen wir uns selber und sehen uns mit anderen Augen.

Der Bettler unten am Boden öffnet uns die Augen. Wir betteln nicht um Geld, sondern um Anerkennung, um Ansehen. Was tun wir nicht alles, um ein kleines Lob, ein wenig Aufmerksamkeit zu bekommen? Oder auch nur ein paar Streicheleinheiten?

Wir sitzen nicht im Gefängnis, aber unser Unvermögen hält uns gefangen. Wir können nicht aus unserer Haut. Wir mögen noch so weit weg fahren, fliegen, fliehen. Wir nehmen unser Gefängnis überall mit hin. Hinter Gittern sehen wir uns an.

Wir sind nicht obdachlos, aber früher oder später sind wir das Dach über uns los. Auch wir sind nur auf der Durchreise, auf der Straße des Lebens.

Wir sind nicht drogenabhängig, aber wir sind süchtig nach mehr, immer mehr ICH. Wir hängen nicht an der Nadel, aber es gibt so vieles, an dem unser Herz hängt. Und ohne unser Glas Wein oder Bier fehlt uns etwas – Alkohol. Wir können froh sein, dass unser Stoff nicht so teuer ist wie Heroin oder Kokain. Zum Glück haben wir nicht die falsche Sucht. Wir sind „richtig" süchtig.

# Cool

Erderwärmung.
Die Temperatur steigt.
Die soziale Kälte nimmt zu.

Immer mehr Leuten
ist das Leid der anderen egal.
Sie kennen kein Mitleid.

Cool bleiben.
Nichts an sich heranlassen.
Null Gefühl zeigen.

Gleichgültigkeit
bringt mehr Menschen um
als Mord und Totschlag.

Auschwitz
lehrt uns das elfte Gebot:
Seid nicht gleichgültig!

# Mit-leiden

Mitfühlen ja, mitleiden nein. Das lernen Menschen in sozialen Berufen. Sie sollen sich vom Leidenden abgrenzen und genügend emotionale Distanz zu ihm halten. Dem Leidenden ist nicht geholfen, wenn der Helfer sich mit ihm identifiziert, eins wird mit ihm. Und trotzdem braucht es Menschen, die fähig sind zum Mit-leiden, zum An-TEIL-nehmen, aus Respekt vor dem Leidenden. Das ist das Gegenteil von Mitleid, das sich von oben herabneigt. In diesem herablassenden Mitleid versteckt sich oft viel Arroganz, Überheblichkeit.

Menschen in Not haben Angst vor dem Mitleid ihrer lieben Mitmenschen. Hilfsbedürftige haben oft ein sehr feines Gespür dafür, wer mit ihnen nur Mitleid hat oder wer echt mit ihnen mitleidet.

Mitleiden, einen Teil der fremden Last auf sich nehmen und sie mittragen. Es gibt kein Leid, das fremdes ist, sagt der russische Dichter Konstantin Simonov. Dieser Satz ist keine Feststellung, sondern der Wunsch, die Hoffnung, dass Menschen im Leid solidarisch miteinander sind und einander helfen.

*Wenn immer Mosche Lob einen leiden sah, an der Seele oder am Leibe, nahm er daran mit einer solchen Inständigkeit teil, dass das Leid zu seinem eigenem wurde. Als ihm jemand einmal seine Verwunderung darüber aussprach, dass er immer so mitleiden könne, sagte er: Wie denn mitleiden? Das ist doch mein eigenes Leid. Wie kann ich denn anders als es zu leiden.*

*Martin Buber Die Erzählungen der Chassidim:*
*Eigenes Leid S. 534*

# Stichworte

Viele Partei-Politiker können kaum eine Rede halten, ohne ein paar Stichworte gegen ihre Gegner. Sticheln, stechen, verletzen. Stichverletzungen.

Worte können zur Stichwaffe werden. Auch unter Verwandten. „Du Erbschleicher". Aus Erben werden Erbfeinde, die sich oft auch noch vor Gericht hitzige Gefechte liefern. In einer Paarbeziehung reicht zuweilen ein einziges Stichwort, um den Partner auszustechen. Die Verletzung sitzt tief. Wie kann der Mensch, den ich liebe, mir so weh tun? Wie kann er mir das Wort sagen, das ich absolut nicht hören kann? Das Wort, das ich hasse. Unerhört. Nicht selten geht der Stich unter die Gürtellinie. Fäkalsprache. Ordinär. Vulgär.

Auch „Gott" ist für viele ein Stichwort, das tief ins Herz sticht. Ist Gott doch der Allmächtige, der hätte verhindern können, dass es geschah. Warum lässt Gott uns leiden, wenn er uns so lieb hat? Was ist das für ein „lieber Gott", der uns das Liebste nimmt? „Ihr Kind ist jetzt bei Gott", ein Stich ins Herz der Mutter.

# Krankheitsgewinn

Kranke haben ihre Gesundheit verloren. Aber die Krankheit kann ihnen auch Gewinn bringen. „Ich möchte niemand anders sein", sagt die MS-kranke Waltraut, die ans Bett gebunden ist. „Sicher wäre ich froh, wenn ich mich manchmal mehr bewegen könnte und weniger Schmerzen hätte, aber ich bin froh, dass ich ich bin. Ich möchte mit niemandem tauschen. Ich bin eins mit mir. Durch meine Krankheit habe ich Erfahrungen gemacht, die ich nicht hergeben möchte. Die gehören mir."

Durch einen Herzinfarkt kommen viele erst zu der Einsicht, dass sie nicht richtig leben. Es braucht manchmal Umwege, um zu tieferen Erkenntnissen zu gelangen. Nach einem Suizidversuch wurde ein junger Mann im letzten Moment gerettet. „Seitdem bin ich geheilt von meinen dunklen Gedanken und denke nicht mehr daran, mein Leben wegzuwerfen."

Paula, 44, stellt fest: „Seit ich HIV-positiv bin, ist vieles im wahrsten Sinne des Wortes positiv geworden. Ich lebe viel intensiver als früher. Da habe ich zum Beispiel gar nicht gemerkt, wie die Knospen im Frühling aufgehen und das Leben aufblüht. Heute höre ich die Vögel zwitschern und freue mich des Lebens. Seit meine Helferzellen gezählt werden, kenne ich erst das Wunderwerk des Immunsystems. Das Wunder des täglichen Lebens hat sich mir neu erschlossen. Es ist wunderbar, dass ich – noch – lebe. Sicher: ich kenne auch die negativen Seiten des Positiv-Seins. Doch ich kann besser mit anderen mitfühlen, mitleiden, mittragen. Ich bin menschlicher geworden. Und dafür bin ich dankbar."

# Nur nicht nackt

Wir vertuschen und verschleiern,
um uns keine Blöße zu geben.
Wir halten uns bedeckt,
um bloß nicht nackt zu erscheinen.

Und dennoch sind wir uns
nackt am nächsten.

Nackt liegen wir uns in den Armen,
werden mitten in der Nacht geliebt
mit unseren Wunden und Narben
an Leib und Seele.

Nackter als nackt sind wir uns
näher als nahe.

# Verdrängen

Menschen sterben, ohne vorher ein Testament gemacht zu haben. Viele wären zu einer Organspende bereit, sind aber keine Organspender. Offenbar wollen wir uns nicht mit unserem eigenen Ende auseinandersetzen. Wir verdrängen den Tod, schieben den Gedanken an unsere Vergänglichkeit von uns weg. Wir verdrängen die Toten an den äußersten Rand. Früher war der Friedhof mitten im Ort, um die Kirche herum. Die Menschen lebten mit den Toten.

Heute möchten wir nicht mehr daran erinnert werden, dass der Tod zum Leben gehört. Aber Tag für Tag konfrontieren uns die Todesanzeigen damit, wie schnell auch unser Leben zu Ende sein kann. Plötzlich und unerwartet... Viel zu früh ... Unfassbar... Mitten aus dem Leben gerissen ... Wir meinen: Ich doch nicht. Wir könnten auch gar nicht leben, wenn wir immer nur daran denken würden, was uns alles zustoßen kann. Der Gedanke: „Ich doch nicht" ist ein guter Schutz. Aber er beschützt, bewahrt uns nicht davor, dass es auch uns treffen kann.

Ohne zu verdrängen könnten wir nicht leben. Würden wir all das heulende Elend der Fernsehnachrichten wirklich an uns heranlassen, könnten wir nicht mehr lachen. Die hungernden Kinder vor Augen, würde unser Lieblingsessen uns nicht mehr schmecken. Gut, dass wir verdrängen können, sonst müssten wir alle schreiend durch die Straßen laufen. Und trotz allem Schrecklichen ist das Leben schön, schrecklich schön.

# Lachen

Lachst du in dich hinein,
freut sich dein Innerstes.

Lachst du von Herzen
lockerst du hundert Muskeln.

Schüttelst du dich vor Lachen,
schüttest du Hormone aus.

Lachst du Tränen,
badest du deine Seele.

Lachst du über dich,
hast du immer etwas zu lachen.

Lachen ist gesund,
solange du dich nicht totlachst.

# Nur normal

Otto Normalverbraucher tankt Super. Heutzutage ist Superbenzin nur normal. Otto fährt super und fährt täglich ganz normal in den nächsten Stau. Dort steht er dann und ärgert sich wieder, Stoßstange an Stoßstange, nur normal. Im Radio hört Otto die ganz normalen Staumeldungen: 8 Km. – 15 Km. – Dauerstau. Wahnsinn. Ganz normal. Normal verrückt. Umleitungen. Störungen. Sperrungen. Und dann: „Auf der A 8 kommt Ihnen ein Falschfahrer entgegen." Entgegen-kommend sind alle Geisterfahrer. Am Stauende steht auch der Porsche, der Otto vorhin noch rechts überholt hat. Otto hat ihm den Vogel gezeigt, aber das fand der Verrückte offenbar nur ganz normal. Porsche im Stau. Da ist Schadenfreude doch nur normal. Was sich an negativen Gefühlen angestaut hat, kommt im Stau so richtig raus. Ohnmacht, Ärger, Frust, Wut, Hass.

Otto fährt nur einen normalen SUV, genauso wie sein Nachbar Max Mustermann. Der ist normal verheiratet. Otto und seine Frau Erika haben keine Kinder, aber das ist heute schon fast normal. Ottos Auto verbraucht normal 6,2 Liter Sprit, aber im Stau sind 8 bis 9 Liter nur normal. Und jeder normal denkende Mensch weiß, dass der Normalverbrauch jedes PKWs höher ist als angegeben. Die Autofirmen tricksen und lügen doch alle. Schon der normale Mensch lügt nicht weniger als 65 Mal am Tag. Sind wir noch normal?

# Im Krieg

Nous sommes en guerre.
Der Feind rückt immer weiter vor,
kennt keinerlei Grenzen.

Panzer, Kanonen, U-Boote, Kriegsschiffe,
Flugzeugträger, Raketen, Atombomben.
Das Waffenarsenal weltweit entwaffnet.

Gläubige versuchen es mit Beten.
Doch dieser Winzling namens Corona
lässt sich nicht wegbeten.

Wegoperieren, weglächeln,
wegdrängen, wegreden, wegdenken ...
Nicht weg zu kriegen.

Krieg im Kopf. Krieg in der Klinik.
Krieg um Masken. Krieg ums Klopapier.
Ich krieg die Krise.

Das Fernsehen überträgt live,
wie die Verteidigungsministerin
Millionen Masken in Empfang nimmt.

Maskenball auf allen Kanälen.
Aber den Todfeind besiegen,
das kriegen wir ohnehin nicht hin.

# Ein Tag ohne

Ein Tag ohne Süßes ist
wie Suppe ohne Salz.

Ein Tag ohne Handy ist
wie ein Herr ohne Hose.

Ein Tag ohne Glotze ist
wie eine Börse ohne Geld.

Ein Tag ohne Bier ist
wie ein Tag ohne Wein.

Ein Tag ohne ist
auch nicht ohne.

Sieben Wochen ohne sind
ohnehin nur für Fastenfreaks.

# Niedlich verniedlicht

Ein paar Bierchen.
Zwei drei Gläschen.
Ein Fläschchen.

Ein kleines Tröpfchen noch.
Nur noch ein Schlückchen.
Einer geht noch.

Eine volle Badewanne
Bier, Wein, Sekt, Spirituosen
trinken wir Jahr für Jahr.

Saufen sagt man nicht.

# Wortschatz

Was Puristen vor Zorn das „Pipi in die Augen" treibt, sammelt das Leibniz-Institut ganz offiziell. Der Smombie starrt wie gebannt auf sein Smartphone und läuft wie ein Zombie durch die Gegend. Um die ständig nach-unten-Stierenden im Straßenverkehr zu schützen, werden sie durch blinkende Bompeln, Boden-Ampeln auf die rote Ampel am Fußübergang hingewiesen. Whatsappen ist inzwischen auch bei Gruftis eingegrooved. Gar nicht lustig sind Helikopter-Eltern. Sie umkreisen ihre Kinder wie ein Helikopter und wehe, wenn sie bei den Kindergärtnerinnen oder Lehrern landen! Kinder haben es nicht leicht mit ihren Eltern. Gut ist ihnen nicht gut genug. Sehr gut schon besser. Zufrieden sind Optimierungseltern erst dann, wenn ihr Kind das Beste von allen ist, das allerbeste. Bestmöglich dass die eigenen Zeugnisse nur suboptimal waren.

Unworte wehen von Amerika zu uns herüber. Anti-Aging. Medical Anti-Aging.

Der Facharzt für Anti-Aging ist ein Betrüger. Altern ist unser Los. Alternativlos. Alternative Fakten. Faktisch unmöglich. Fakt ist, dass die Jungen ihre eigene Sprache haben. „Ich habe die Prüfung verkackt." Das treibt der Mama das Pipi in die Augen.

# Sicher nicht sicher

Hausratversicherung. Gebäudeversicherung. Unfallversicherung. Rentenversicherung. Krankenversicherung. Pflegeversicherung. Zusatzversicherung. Wir gehen auf Nummer sicher. Unser Auto sichern wir mit einer Alarmanlage. Wir lassen in unserem Haus Sicherheitsgitter einbauen, sperren uns selbst ein hinter der Sicherheitstür mit Sicherheitsschloss. Einbruchssicher.

Unser Gefängnis ist gebaut aus Steinen der Angst. Wir mauern uns selbst ein, sind allerdings nicht ganz so schlimm dran wie die Gefangenen hinter der Mauer. Unsere Zellenwände sind schön tapeziert, und wir haben sogar Bier und Wein im Kühlschrank. Und in der Freistunde dürfen wir selbst mit dem Auto unsere Runden drehen, allerdings nur mit der nötigen Haftpflichtversicherung. Eine Vollkaskoversicherung ist noch sicherer, aber auch nicht sicher. Wir nehmen eine Reiserücktrittsversicherung, eine Auslandskrankenversicherung. Wir versichern uns gegen alles Mögliche. Sicher ist nur das Eine. Und da hilft auch keine Lebensversicherung. Und auch ohne Sterbeversicherung kommen wir sicher in die Kiste. Was danach kommt, darüber gibt es keine gesicherten Erkenntnisse. Wir zweifeln, ob es ein Leben nach dem Tod gibt. Aber wir sind uns unserer Zweifel auch nicht sicher.

# Grün

Grüner wird es nicht.
Das Stoppschild wird erst grün, wenn du blau bist.
Ach, du grüne Neune.
Die Grünen sind im Kommen.
Die Roten ärgern sich schwarz über die Grünen.
Und die Schwarzen sehen rot
bei der Koalition mit den Grünen.
Oh Tannenbaum, wie grün sind deine Blätter.
Der Weihnachts-Evergreen.
Die Zweigstelle kommt auf keinen grünen Zweig.
Das Gras auf der anderen Seite des Zauns
war schon immer grüner.
Aber viele Gräser sind nicht nur grün.
Alles im grünen Bereich, das Gerät funktioniert.
Die Farbe grün beruhigt, Grüne OP-Kittel.
Aber die Polizei wollte nicht mehr grün sein.
Auch die grüne Minna ist blau.
Der Typ ist mir nicht grün,
mag er auch einen grünen Daumen haben.
Die Regierung gab grünes Licht, den Wald abzuholzen.
Verblichene werden über den grünen Klee
ins graue Grab gelobt.

# Das erste Mal

Das erste Mal mit seinen Händen in einen Mülleimer zu greifen, um nach leeren Flaschen zu suchen, kostet Überwindung. Denn damit zeigt man allen anderen, dass man zu den Armen gehört. Noch mehr müssen Menschen von der Straße sich überwinden, um die Passanten anzubetteln. Sich in der Fußgängerzone auf den Boden zu setzen und die Hand auszustrecken, ist so erniedrigend, dass die meisten sich vorher Mut antrinken. Verlegen schauen sie auf den Boden, als würden sie sich schämen.

Die heroinabhängige Manuela erzählt, wie schwer es ihr fiel, das erste Mal auf den Strich zu gehen. „Ich konnte mich nicht einfach zu den anderen Frauen am Straßenrand hinstellen. Ich hatte schon zu viele schreckliche Dinge über den Straßenstrich gehört. Weil ich so voller Angst war, bin ich zuerst einmal in die Seitenstraße gegangen, aber da war keine Kundschaft. Ganz vorsichtig habe ich mich dann in die Strich-Straße hineingewagt und habe mehrere Vaterunser gebetet. Ich hatte solche Angst, dass mir etwas Schlimmes passiert. Ich konnte die Frauen nicht verstehen, die aus dem einen Auto aussteigen und ins nächste einsteigen. Inzwischen macht mir das selbst nichts mehr aus, obwohl ich schon mehrmals zusammengeschlagen, ausgeraubt oder aus dem Auto geworfen wurde. 'Du Schlampe, wasch dich erst mal.' Ein Messer hatte ich auch schon am Hals. Aber was soll's? Manche Kolleginnen wurden schon mehrmals vergewaltigt, einige wurden sogar schon ermordet. Jedes Mal kann das letzte Mal sein."

# Fürsorge

Mein Vater geht
für uns nachts
einbrechen.

Meine Mutter geht
für uns aufs Sozialamt
betteln.

Meine Schwester geht
für uns hin und wieder
auf den Strich.

Und ich gehe
für uns im Kaufhaus
klauen.

Wir gehen füreinander
durch dick und dünn:
wir Asoziale.

# Still

Es braucht nicht immer Worte, um etwas zu sagen: Die streichelnde Hand sagt in aller Stille: Du, ich bin bei dir. Ich lasse dich nicht allein. Ich liebe dich. Auch ohne Worte können zwei Menschen sich sehr nahe sein. Nach dem Tod des Partners sind manche ihm näher als zu Lebzeiten. Die Friedhofsstille spricht für sich. Da verstummt das Geschwätz der Welt. Die Gräber entlarven die Werbesprüche. Der Gottesacker lehrt uns die Sprache des Himmels: Schweigen.

Mit offenen Ohren tief in uns hineinhorchen, um aus dem Schweigen in die Stille zu kommen.

In der Stille merken wir erst,
wie laut wir sind,
wie viel Lärm wir machen
um lauter nichts.

Die Stille sprechen lassen. Lauschen, was der Augenblick uns sagt. Die Stille öffnet uns die Ohren für den inneren Klang, den Ton der Stille. Still schweigend den inneren Ton in Tier und Baum vernehmen. Die Blumen blühen, das Gras sprießt, alles, was grünt wächst im Stillen. Und in uns wächst die Liebe ohne Lärm zu machen. Die Stille hören. Auf die innere Stimme horchen. Sie stimmt und führt uns zu unserer Bestimmung.

# Stacheln

Worte von Weisen sind wie Stacheln. (Koh 12,11) Der Ochsenstachel, der lange Stab mit einer scharfen Spitze diente früher zum Lenken von Zugtieren. Und so stacheln weise Worte auch uns Ochsen an, in die richtige Richtung zu gehen.

Ein Stachel im Fleisch kann ein stechender Schmerz sein, eine bestimmte Krankheit oder auch chronischer Geldmangel. Oder auch nur so ein kleiner fieser Dorn im Finger, den du nicht siehst, aber wehe, wenn du ihn anfasst.

Rosen haben Stacheln. Im Leid bewährt, bewahrheitet sich die Liebe. Mit ihren zarten Blättern verhüllt die Rose das Geheimnis des Lebens: Lieben und Leiden gehören zusammen. Es gibt keine Liebe ohne Leid, keine Rose ohne Stacheln.

"Liebe Stachelschweine, lasst Euch nie rasieren!", schrieb Erich Kästner ins Stammbuch des Berliners Kabaretts, das spitze Unterhaltung bietet. Sehr unterhaltsam wäre auch eine Talkshow mit Gästen, die sich anschweigen.

Als Jesus in Jerusalem auferstand, erschien er zuerst den Frauen, damit es schneller bekannt wurde. Kein Witz. Den Tod totlachen. Hahaha-lleluja. Tod, wo ist dein Stachel?

# Wie eine Kerze im Wind

Die Krankheit unserer Zeit:
Burnout - Ausgebrannt.

Kein Feuer mehr – null Kraft.
Total erschöpft, leer.

Wir Menschen sind wie Kerzen,
kämpfen gegen das Dunkel an.

Unser Licht brennt oft ganz ruhig,
dann flackert es plötzlich wieder auf.

Manche Flamme erlischt schlagartig,
andere brennen ganz langsam aus.

Viele sind schon lange erloschen,
aber ihr Licht leuchtet weiter
in unseren Herzen.

# Ziehen

Ziehen zieht sich wie ein roter Faden durchs Leben.
Viele Eltern ziehen ihre Kinder richtig in einer Richtung.
Aber Kinder lassen sich nicht ziehen.
Eltern ziehen den Kürzeren.
An den Ohren ziehen
zieht als Erziehungsmethode nicht.
Kinder wollen nicht wie Uhren aufgezogen werden.
Eltern müssen ihre Kinder ziehen lassen.
Sie ziehen aus, ziehen zusammen, ziehen um,
ziehen den Schlussstrich unter einer Beziehung.
Um die Aufmerksamkeit auf sich zu ziehen,
ziehen sich manche nicht richtig an.
Wir ziehen schöne Kleider an, um andere anzuziehen.
Aber ausgezogen können wir auch sehr anziehend sein.
Zahn um Zahn wird uns gezogen.
Der Zahn der Zeit zieht uns aus.
Schön angezogen ziehen wir um zum Friedhof.
Am Grab ziehen alle den Hut vor uns,
dann müssen wir unsere Lieben ziehen lassen.
Ohne das Gesicht zu verziehen.

# Hoffen

Kranke hoffen, dass der Arzt ihnen helfen kann. Notfalls auch eine Operation. Und wenn die nichts bringt, setzen sie ihre Hoffnung auf die Chemo oder auch auf die Bestrahlung. Und da ist auch noch die Heilpraktikerin - und der Heiler. Bis zuletzt klammern Kranke sich an jeden Strohhalm, an jeden Hoffnungsschimmer.

Ein Mensch, der keine Hoffnung mehr hat, gibt sich selbst auf. Es ist die Hoffnung, die Kranke und Verzweifelte am Leben hält. Die Hoffnung stirbt zuletzt. Václav Havel sagt: „Hoffnung ist nicht die Überzeugung, dass etwas gut ausgeht, sondern die Gewissheit, dass etwas Sinn hat, egal, wie es ausgeht." Auch wenn es kein happy end gibt und wir all unsere Hoffnungen begraben müssen, hat es doch einen Sinn. Wer ein Warum zu leben hat, erträgt fast jedes Wie, sagt Friedrich Nietzsche.

Ein Mensch kann nahezu alles aushalten, wenn er davon überzeugt ist, dass es einen Sinn hat. Trostlos ist die Traueranzeige „Gehofft, gekämpft und doch verloren". Auch wenn der Kampf gegen die Krankheit verloren ging, vielleicht noch nicht zu gewinnen war, trotzdem war es keine verlorene Zeit. Durch die leidvollen Erfahrungen kommen wir mit unseren tiefsten Gefühlen in Berührung. Es ist nicht nur Verlust, auch Gewinn. Das Leben gewinnt an Tiefe. Wir sind noch enger, inniger mit unseren Lieben verbunden. Und oft gewinnt auch der Glaube an Tiefe. Der Exitus, der Ausgang ist der Übergang in ein Leben ohne Tod und Not.

# Umdenken

Unser aller Leben ist keine Laufbahn
und auch kein gemütlicher Spaziergang.

Scheitern, schuldig werden, schwach sein,
unter anderen leiden – und unter uns selbst.

So manches durchkreuzt unseren Weg.
Ein Unfall. Eine Krankheit. Ein Todesfall.

Weinen, heulen, schreien, klagen, hadern:
Warum? – Warum ich? – Warum jetzt?

Warum nicht? Warum nicht ich?
Warum nicht ich jetzt?

# Umgekehrt

Statt zu klagen,
dass die Haare ausfallen,
sollten wir lieber froh und dankbar sein,
dass sie uns nicht gezogen werden
wie die Zähne.
*Spruch im Frisörsalon*

Statt zu klagen,
dass wir nicht alles haben, was wir wollen,
sollten wir lieber dafür dankbar sein,
dass wir nicht bekommen,
was wir verdienen.
*Dieter Hildebrandt*

Sei nicht so traurig,
dass du so früh stirbst,
freue dich,
dass du länger ewig lebst.

Ärgere dich nicht darüber,
dass der Rosenstrauch Stacheln trägt,
sondern freue dich darüber,
dass der Stachelstrauch Rosen trägt.
*Aus Arabien*

# Worte versagen

Unglaublich, nicht zu glauben, was es alles gibt. Wenn wir nur das für wahr halten, was wir erklären können, dann verstehen wir nicht viel. Zwischen Himmel und Erde geschieht so manches, was mit dem Verstand nicht zu fassen ist. Wir spüren, ahnen, dass es etwas Höheres gibt, etwas über uns.

Manche nennen es Gott, aber wer oder was ist Gott? Das große Geheimnis, das sich nicht beim Namen nennen lässt. Wenn wir von „Gott" reden, dann bitte in Anführungszeichen. Worte versagen, sagen eigentlich nichts. Schicksal sagt nur, dass wir nicht wissen, warum etwas passiert ist. „Er wurde vom Schicksal schwer getroffen, als er mit 22 erblindete." Warum gerade der junge Mann? Eine Fügung des Schicksals. „Das Schicksal hat gewollt, dass sie die Operation nicht überlebt."

Ist es das Schicksal, das den Menschen ihre Geschicke zuteilt? Schickt uns das Schicksal Schicksalsschläge? Ist das Schicksal eine blinde Göttin, die ihre Pfeile auf uns richtet? Und wen es trifft, der hat Pech gehabt. Pech gehabt in der Lotterie des Lebens. Das Los, das einem zufällt, ist Glückssache, glauben viele. Und woher fällt uns etwas zu? Warum haben manche so viel Glück und andere nur Pech? Zufall ist ein großes Wort, aber nicht die Antwort auf die Frage Warum. Nehmen wir den Mund nicht so voll und sagen wir lieber: „Ich weiß es nicht."

# Engel

Wir alle haben wohl schon Situationen erlebt, da war es ganz knapp. Gerade noch einmal davon gekommen. Vielleicht sind wir auch schon ganz knapp am Abgrund vorbeigeschrammt. Oder wir sind wundersam gerettet worden. Es sind solche Erfahrungen, die uns das Gefühl geben, dass ein Engel auf uns aufpasst.

Engel sind immer noch sehr beliebt. Es glauben mehr Menschen an Engel als an Gott. Es ist schon verrückt. Die Kirchen werden immer leerer, aber die Welt ist voll mit Engeln. Engel fliegen in Scharen durch das Internet. Engel wachen auf dem Nachttisch im Krankenhaus und im Pflegeheim. Engel schmücken die Gräber von Groß und Klein. Engel lächeln uns an in Blumen- und Geschenkläden, in Kaufhäusern und Katalogen. Und bei der Geburt wimmelt es von Engeln. Engel möchten uns Mut machen, unseren Weg zu gehen. Viele junge Menschen haben als Konfirmandenspruch: Gott befiehlt seinen Engeln dich zu behüten auf allen deinen Wegen. Sie tragen dich auf ihren Händen, damit dein Fuß nicht an einen Stein stößt. (Ps. 91,11-12) Wohin du auch gehst, du bist behütet und beschützt. Du bist nie allein. Du brauchst keine Angst zu haben. Und ist dein Leben dann zu Ende gegangen, geht es weiter: Zum Paradies mögen Engel dich geleiten ... die Chöre der Engel mögen dich empfangen ...

# Kinderleicht

Engel können fliegen,
weil sie sich leicht nehmen.

Kinder sind auch kleine Engel.
Sie lehren uns die Leichtigkeit.

Kinder heben unsere Bedenken auf,
sie fragen nicht nach Beweisen.

Kinder glauben einfach.
Oma ist bei Gott im Himmel.

Kinder vertrauen voll und ganz.
Ohne Wenn und Aber.

Kinderleicht.
Und doch so schwer.

# Das Verfallsdatum

Das Verfallsdatum verschiebt sich immer weiter nach hinten. Der Preis für das immer Älterwerden ist aber hoch: Alzheimer, Krebs, Schlaganfall, Vereinsamung, Depression. Das Warten auf den Tod dauert viel länger als früher. Früher starben die Menschen innerhalb von ein paar Wochen oder Monaten, heute ist es oft ein jahrelanges Siechtum, auch wenn es kein Siechenheim mehr gibt. Seniorenresidenz klingt doch viel schöner. Viele Residenten thronen tagsüber auf dem Nachtstuhl. Und in der Villa am Brunnen riecht es auch nicht besser als im Alten- und Pflegeheim. Und alle tragen sie Pampers und müssen oft Stunden lang warten bis jemand kommt, um sie trocken zu legen. Und im eigenen Kot zu liegen macht auch keinen Spaß.

Wir sind nicht gemacht, um so alt zu werden. Trotzdem wird alles getan, um die Restlaufzeit zu verlängern. Neugeborene haben heute eine Lebenserwartung von hundert Jahren. Was sie im Alter erwartet, ist vielfach kein Leben mehr. 80- bis 85-jährige Männer begehen bei uns viermal so oft Suizid wie 20- bis 25-Jährige. Die Natur mag es auch nicht, dass wir zu alt werden. Nahezu neun von zehn Corona-Toten sind über siebzig. Nachhilfe. Eine Lehrstunde.

> Herr, lehre uns, dass wir sterben müssen,
> auf dass wir klug werden.

# Tote Lebende

„Eines Tages werden wir sterben. Aber an allen anderen nicht." Ja, aber wir sterben nicht erst am Ende unseres Lebens, nicht nur am Tod allein. Jeder Abschied ist ein kleiner Tod. Beim Begräbnis unserer Mutter tragen wir ein Stück von uns selbst zu Grabe. Wer seinen Partner in den Tod begleitet, stirbt mit ihm mit. Nach dem Verlust eines Kindes sind die Eltern verloren, finden kaum noch zurück ins Leben. Seit dem Suizid eines Familienangehörigen ist es für die anderen kein Leben mehr.

Der Todeszeitpunkt wird auf die Minute genau festgelegt. Aber subjektiv erleben viele den Moment des Todes zu einem ganz anderen Zeitpunkt. „Als mein Mann mich verlassen hat, da hat er mir den Todesstoß versetzt."

Menschen sterben an gebrochenem Herzen. Vereinsamung kann genauso tödlich sein wie Krebs. Mitten im Leben wird gestorben, lange vor dem Tod. Menschen vergehen vor Einsamkeit, gehen buchstäblich ein in ihren eigenen vier Wänden. Manche liegen wochenlang, wenn nicht schon seit Monaten tot in ihrer Wohnung, ohne dass jemand sie vermisst. In Stuttgart lag eine 40-jährige Frau über ein Jahr leblos in ihrer Wohnung. Sie wurde erst entdeckt, als Schornsteinfeger-Arbeiten anstanden. Oft macht der überfüllte Briefkasten Nachbarn erst darauf aufmerksam, dass da etwas nicht stimmt. Oder der starke Verwesungsgeruch. Manchmal kriechen die Maden schon unter der Tür hervor. Der Totenschein nur ein toter Schein.

# Mister X

Mister X lässt sich nicht in die Karten schauen. Mit unbewegter Miene sitzt er an unserem Tisch und spielt mit uns. Er kann nur lächeln über unser Kontra. Eine Zeit lang lässt er uns bluffen und auch mit Falschgeld bezahlen. Selbst wenn wir mit gezinkten Karten spielen, gewinnt er noch. Jeden sticht er aus. Immer hat er noch ein As im Ärmel. Wann wird er mir die schwarze Karte zeigen? Mitten im Spiel? Kurz vor meinem Neunzigsten? Hoffentlich gibt er mir vorher einen Wink, damit ich rechtzeitig weiß, dass ich meinen Platz räumen muss. Soll ich jetzt schon anfangen, mein Zimmer aufzuräumen? Aufgeräumt auf ihn warten, den Tag X erwarten.

Machen wir uns kein X für ein U vor. Wenn wir hier und jetzt schon wüssten, wann unsere Stunde schlägt, würden wir nachts noch unruhiger schlafen und noch seltener lachen. Das Stehen im Stau würde uns noch mehr stressen. Wir würden noch öfter auf die Uhr schauen. Gut, dass die Stunde X in den Sternen steht. Wüssten wir aber, wie spät es ist, würden wir bewusster leben und die uns verbleibende Zeit besser nutzen. Endlich leben!

# Ein Akt der Nächstenliebe

„Ich will selber entscheiden, wann ich von der Welt gehe." Selbstbestimmt sterben, statt es den Medizinern zu überlassen. Warum sich weiter quälen, wenn man weiß, dass der Tod bevorsteht? Warum sollte man sich die letzte qualvolle Zeit nicht abkürzen dürfen und selbst über sein Lebensende verfügen? Warum darf ein Mensch erst gehen, wenn er ausgelitten hat, während einem Hund der Gnadentod gewährt wird? Warum hat nicht jeder ein Recht auf ein würdiges Ende? Der Ruf nach Sterbehilfe wird immer lauter, aber in Deutschland ist Euthanasie seit dem Dritten Reich verständlicherweise verrufen, verpönt. Ärzte, die verzweifelten Todkranken Beihilfe zum Suizid leisteten, standen lange Zeit mit einem Bein im Gefängnis.

Es muss Ärzten erlaubt sein, unheilbar Kranken aus ihrer Not zu helfen. Das ist ein Akt der Nächstenliebe.

PS: Als Belgier habe ich in einer medizinisch ausweglosen Situation das Recht auf aktive Sterbehilfe. Ich weiß nicht, ob ich davon Gebrauch machen werde, aber es ist gut zu wissen, dass es diesen „Notausgang" gibt.

# Machen

Pläne machen,
aber der Himmel
macht nicht mit.

Karriere machen,
aber eine Laufbahn
macht kein Leben.

Geld machen,
aber der Mammon
macht uns arm.

Erfahrungen machen,
aber die Erfahrungen
machen uns.

# Mir reicht's

Nicht nur unheilbar Kranke, auch viele alte Menschen möchten den Zeitpunkt ihres Todes selbst bestimmen. Sie sehen nicht ein, warum sie weiterleben sollen. Wozu? Sie sind lebensmüde. Ihre Augen haben genug gesehen, ihre Ohren mehr als genug gehört. Ihre Hände möchten nicht länger festhalten. Es reicht. Das verstehen oft die eigenen Kinder nicht und tun sich schwer, „es" anzunehmen. „Dir geht es vergleichsweise doch noch gut. Du bist geistig doch noch einigermaßen fit und du hast keine Schmerzen. Und wir sind doch da und deine Enkel."

Nicht selten wird auch der Glaube bemüht, um dagegen zu halten. Das Leben sei doch ein Geschenk Gottes. Wer aber ein Geschenk empfängt, kann damit tun, was er will. Auch zurückgeben. Und wenn das Geschenk an bestimmte Bedingungen gebunden ist, ist es kein Geschenk mehr. Wenn wir Gott schon ins Spiel bringen, dann ist er wohl der letzte, der nicht versteht, dass ein Mensch nach achtzig, neunzig Jahren des Lebens müde ist und den Tod herbeisehnt. Auch wer von der Brücke herunterspringt, kann nicht tiefer fallen als in die Hände des gütigen Gottes.

# Nachts

Ich glaube nicht an Gott,
aber ich gebe zu,
dass ich ihn vermisse.

Ich bin kein Kirchgänger,
aber manchmal gehe ich in die Knie
und bete, bitte, bettele.

Ich glaube nur, was ich sehe,
aber ich spüre,
dass ein Engel mich beschützt.

Ich bin ein überzeugter Atheist,
zumindest tagsüber,
nachts bin ich mir da nicht so sicher.

# Sich umbringen

Ein Suizid geschieht nur selten so frei, wie uns das Wort „Frei-Tod" weismachen will. Von „Selbst-Mord" kann auch keine Rede sein. Ein Mord geschieht aus Habgier, Heimtücke oder aus einem sonstigen niederen Motiv. Verzweiflung ist kein „böser" Beweggrund. In höchst existenzieller Not setzen Menschen ihrem Leben ein Ende. Die allermeisten sind so verzweifelt, dass sie keinen anderen Ausweg mehr sehen als in den einsamen Tod zu gehen. Sie sind am Ende, können die seelischen Qualen nicht länger aushalten und darum tun sie diesen letzten Schritt. In diesem Augenblick sehen sie nur die Erlösung, die der Tod ihnen bringt. Sie denken nicht daran, was der Suizid für ihre Lieben bedeutet. Wenn sie sich das vor Augen halten würden, könnten sie nicht Hand an sich legen. Doch das können die Angehörigen oft nur schwer verstehen.

„Unser Vater weiß gar nicht, was er uns damit angetan hat. Das ganze Dorf redet über uns. Das hätte er doch wissen müssen. Er hat nicht nur sich, sondern auch uns das Leben genommen. Und wenn er sich schon erhängen wollte, hätte er doch in den Wald gehen können. Aber nein, in der Küche hat er es gemacht. Wir sehen ihn immer noch hängen. Wie sollen wir damit denn weiterleben?"

Viele halten den Suizid für egoistisch und auch feige, sich heimlich aus der Verantwortung zu stehlen. Es gehört aber auch viel Mut dazu, den endgültigen Schlussstrich unter seinem Leben zu ziehen. Mit dem Mut der Verzweiflung tun viele den letzten Schritt.

# Apple Apfel Affe App

Der angebissene Apfel.
Der Apple Apfel leuchtet,
als würde er Erleuchtung bringen.
Adam und Eva haben auch angebissen
und vom Baum der Erkenntnis gegessen.
Mensch, erkenne den Affen in dir:
Zu 99,4 Prozent das Erbgut vom Schimpansen.
Und wie du den Klammeraffen nachäffst.
Was wärst du ohne Affenschw@nz?
Und ohne deine Apps? Die sind ja affengeil.
Ein Touch und schon hast du deine Tickets
für Theater, Kino, Zoo und Bahn.
Eines Tages liegst du in den letzten Zügen.
Und bist du dann ausgestiegen,
gehen wir zu deinem digitalen Grabstein,
zünden elektronische Kerzen für dich an,
posten unser Beileid im Trauerportal.
App.

# Abschied nehmen

Wie wichtig Abschied nehmen ist, zeigt sich gerade in der Corona-Krise. Im Krankenhaus und Pflegeheim liegen Menschen im Wartezimmer des Todes, ohne dass ihre Angehörigen zu ihnen kommen dürfen. Einsam sterben. Ohne menschliche Nähe, ohne Hautkontakt, ohne eine Hand, die hält.

„Abschiednehmen" klingt so, als seien wir die Handelnden. Wir nehmen keinen Abschied, er wird uns aufgezwungen, ob wir wollen oder nicht. Ungewollt, ungefragt müssen wir Abschied nehmen. Plötzlich und unerwartet.

Mitten im Leben. Aus heiterem Himmel wird der Mensch an unserer Seite von uns weggerissen. Kein Abschied. Einfach weg. Angehörige von plötzlich Verstorbenen können sich nicht damit trösten, für den geliebten Menschen noch alles getan zu haben. Da bleibt das Gefühl zurück: Es wäre noch so vieles zu sagen gewesen. Und dazu ist es jetzt zu spät.

Aber auch nach langer Krankheit und einem langsamen Abschiednehmen, schneidet der Trennungsschmerz ins Herz. Denn niemals mehr werden wir den geliebten Menschen noch sehen. Niemals mehr seine vertraute Stimme hören. Niemals mehr wird er uns berühren, umarmen können. Es ist dieses Niemals mehr, dieses Endgültige, das uns den Abschied so schwer macht.

# Gehen lassen

Ein Mensch kann nur gehen,
wenn seine Lieben
ihn auch gehen lassen.

Mit den eigenen Gefühlen
nicht im Wege stehen.
Nicht klammern.

Wahre Liebe gibt frei,
will den anderen nicht länger
für sich behalten.

Loslassen.
Gehen lassen.
Ein letzter Liebesdienst.

„Eine Bitte habe ich noch", sagte Frank zu seinen Ge-
schwistern. „Lasst mich gehen. Bitte, lasst mich gehen.
Bitte. Ihr klammert, krallt euch an mir fest. Wie soll ich
denn gehen können?"

# Wir hätten ...

Wir reden über Gott und die Welt, über das Wetter sowieso. Wir sagen nur wenig über uns selbst. Wir verstecken uns hinter Floskeln, umgehen einander mit höflichen Umgangsformen. Wir scheuen uns, ein offenes Gespräch zu führen. Wir könnten ja etwas Falsches sagen oder falsch verstanden werden.

Weil die Angst vor gegenseitiger Verletzung so groß ist, gibt es so viel nicht-gelebtes Leben. So manches in uns wurde nie angesprochen und kann deshalb nicht zum Leben erwachen. Unsere innerste Sehnsucht. Unser Herzenswunsch. Unser ganz großer Traum. Unsere heimliche Liebe. Gefühle zu offenbaren fällt uns schwer.

Auch viele Paare trauen sich nicht, offen miteinander zu reden und einander zu fragen: „Wovor hast du Angst? Was fürchtest du am meisten?" Menschen, die seit vielen Jahren, Jahrzehnten miteinander schlafen, geben Intimes nicht preis. Manches Thema ist tabu, darf nicht berührt werden.

Nach dem Tod des Partners sagen Hinterbliebene: „Wir hätten mehr miteinander reden sollen, richtig reden. Wir haben oft über Dinge gesprochen, die nicht der Rede wert waren. Banales, Oberflächliches. Wir hätten mehr in die Tiefe gehen sollen."

Manchen geht nach dem Tod des Partners erst auf: „Mein Gott, ich hab dir kein einziges Mal gesagt, wie froh und dankbar ich bin, dass du da bist, dass ich dich so liebe."

# Bedenk's

Auf Wiedersehen, sagen wir, ohne zu wissen, ob wir uns wieder sehen. Manchmal sagen wir nichts, gehen einfach so auseinander. Und wenn es dann kein Wiedersehen gibt, machen wir uns bittere Vorwürfe. Hätten wir wenigstens noch Tschüss gesagt. Besonders bitter ist, wenn das letzte Wort ein böses war und wir im Streit auseinander gegangen sind. Das letzte Wort könnte für immer das letzte sein. Darum tun wir gut daran, uns vor dem Schlafengehen zu versöhnen.

Sag lieb ein Wort zur guten Nacht,
wer weiß, ob man noch früh erwacht.

Sag morgens mir ein gutes Wort,
bevor du gehst zu Hause fort,
es kann soviel am Tag gescheh'n,
wer weiß, ob wir uns wiederseh'n.

Das Leben ist so schnell vorbei,
und dann ist es nicht einerlei,
was du zuletzt zu mir gesagt,
was du zuletzt mich hast gefragt.

Drum lass ein gutes Wort das Letzte sein,
bedenk: Das Letzte könnt's für immer sein.

*Von Unbekannt*

# Latein für Fortgeschrittene

Und sind die Mediziner dann
mit ihrem Latein am Ende,
ist alles nur noch Latein.

Exitus, post mortem,
Krematorium, Kolumbarium,
Mausoleum, Ossuarium.

Exitus ist der Ausgang,
nicht der künstliche,
nur der natürliche.

Aus dem Krematorium kommt
die Leiche kremiert heraus.
Ganz ohne Creme.

Kolumbarium = Taubenschlag
In der Urnenwand eingeschlossen
flieg Seele, du bist frei.

# Laudatio

De mortuis nihil nisi bene. Über Tote soll nur Gutes geredet werden. Aber wer war denn nur gut? Der Verstorbene war auch nur ein Mensch. Was in seinem Leben schief gelaufen ist, kann nicht mit schönen Worten zurechtgebogen werden. Wir sollen uns vor dem Verstorbenen nicht verbiegen, sondern uns vor ihm verbeugen. Wir verneigen uns vor dem Menschen im Sarg, der seinen Weg durch Höhen und Tiefen zu Ende gegangen ist. Wir erweisen ihm die letzte Ehre, indem wir ehrlich von ihm reden. Und deshalb braucht sein Leben nicht totgeschwiegen zu werden.

Warum das Schwulsein des Verstorbenen verschweigen, wenn er selbst offen dazu gestanden ist? In der Antike war man davon überzeugt, dass der Verstorbene hört, was die Hinterbliebenen über ihn sagen. Darum war es den Angehörigen wichtig, dass ihm eine schöne Grabrede gehalten wurde. Laudatio ist das lateinische Wort für Leichenrede. Auch heute werden Verblichene über den grünen Klee ins Grab gelobt, manche sogar regelrecht in den Himmel hinein. Durch zu viel Weihrauch werden selbst Heilige rußig. Die schönen Leichenreden sind vielfach verlogen. Nicht umsonst schütteln die Anwesenden oft den Kopf und fragen sich, von wem da vorne eigentlich die Rede ist. Wir brauchen nicht so zu tun, als ob der Verstorbene der Beste der Familie war. Und der tote Chef war deshalb noch kein guter Chef.

# Dunkles Licht

Der Herr in der schwarzen Limousine
lässt sein Geld schwarz arbeiten
und verdient sich eine goldene Nase.

Pechschwarz, tintenschwarz, rabenschwarz,
bloß ist das Schwarze Meer blau
und im Schwarzwald steht der grüne Baum.

Wie ein schwarzes Kamel kommt der Tod,
kniet vor der Tür von weiß und schwarz,
die Gelben müssen ebenso daran glauben.

Manchmal fallen wir in ein tiefes Loch,
auch die schwarzen Löcher im All
sind schwarz wie die Nacht.

Das schwärzeste Schwarz wird weiß,
das Licht kommt aus dem Dunkel.
Am Morgen haben wir es schwarz auf weiß.

# Der Umwelt zuliebe

Schädlingsbekämpfungsmittel, Pestizide, Pest. Die Pest stirbt nicht mal im Grab.

Wer die Radieschen von unten ansieht, sieht schwarz. Immer mehr Tote durch vergiftete Nahrungsmittel. Immer mehr Gift in Luft, Wasser und Boden. Wir bringen uns selbst um. Wenigstens auf dem Gottesacker kehrt Einsicht ein. Null Pestizide. Pestizidfreier Friedhof. Und natürlich immer weniger Erdbestattungen, die das Grundwasser belasten. Die Würmer bekommen immer weniger zu kauen.

Der Mensch ein Madensack, sagte Martin Luther. Das war einmal. Heutzutage hat die Ökologie das Sagen. Der Umwelt zuliebe soll der Tote in einem Leichenhemd aus reiner Baumwolle auf einem Ökokissen ruhen. Und die Urne soll natürlich abbaubar sein und sich in der Erde auflösen. Doch so eine Urne aus Maisgries ist ein gefundenes Fressen für Mäuse. Keine schöne Vorstellung für den Witwer, der fast täglich das Grab seiner Frau besucht. In seiner Verzweiflung gießt er eines Tages Wasser aufs Grab, eine Maus entwischt ihm, die andere erwischt er gerade noch mit dem Boden der Gießkanne. So wird der gute Mann, der keiner Fliege etwas zuleide tun kann, auf dem Gottesacker zum Totschläger. Und wie das an seinem Gewissen nagt, weiß nicht einmal der Herrgott. Und die Moral der Geschichte: Wie man's macht, ist es falsch. Da beißt keine Maus einen Faden ab.

# Nächste Nachbarn

Gleich neben dem Weltladen für fairen Handel der Hundefriseursalon DOGS BEAUTY. Für den Preis einer Hundefrisur kann man nebenan einen Korb voll mit Produkten aus den armen Ländern kaufen. Dort führen die Menschen ein Hundeleben, bei uns hat der Liebling ein Herrenleben.

Das Tattoo-Studio Tür an Tür mit dem Hautarzt. Seltsame Nachbarn. Neben der Enddarm-Praxis der Klempner-Notdienst. Neben dem Fachgeschäft für Rollator und Rollstuhl das Fitnessstudio. Neben dem Reisebüro „Hin und weg" das Bestattungshaus „Fahr wohl" – ohne Reise-Rücktrittsversicherung.

Man kann sich seine Nachbarn nicht aussuchen, auch nicht auf dem Friedhof. Da liegen Leute nebeneinander, die sich im Leben nicht riechen konnten. Und die Witwe sagt: „Ich will in das Grab nebenan. Bei meinem Mann kann ich nicht zur Ruhe kommen." Als „wurmt" sie sein Seitensprung noch im Grab.

Direkt neben dem Friedhof zu wohnen, mag vielen unzumutbar erscheinen. Dabei sind das die ruhigsten Nachbarn. Es stört sie überhaupt nicht, wenn Kinder spielen und toben. Und im Gegensatz zu manch anderen Nachbarn haben die Entschlafenen auch nichts dagegen, wenn laut gelacht, gefeiert, gegrillt wird.

Und sie freuen sich, wenn ihre Nachbarn ihre Blumen gießen.

# Schöner Tod

Es gibt keinen schönen Tod.
Aber was gibt es
für eine Mutter Schöneres
als in den Armen
ihrer Tochter zu sterben?

Es gibt keinen schönen Tod.
Aber schön ist, wenn ein Mensch
bis zu seinem letzten Atemzug
das getan hat, was er am liebsten tat:
Motorradfahren, Tennis spielen, joggen ...

Es gibt keinen schönen Tod.
Aber es gibt viel, viel Schlimmeres
als bei der schönsten Sache
der Welt sein Leben zu lassen
und dann in Frieden zu ruhen.

# Ein Sterbehotel

Austherapiert, ausrangiert, aufs Abstellgleis gestellt. Wer Glück hat, kommt ins Hospiz. Dort zeigen die Mitarbeiter, was man für einen Menschen noch alles tun kann, für den die Medizin nichts mehr machen kann. Frauen und Männer, deren Tage gezählt sind, sollen noch ein paar schöne Momente erleben. Auch der letzte Wunsch wird noch erfüllt. Nachts um zwei noch eine Crême Brulée. Noch einmal von seinem Hund über das Bein geleckt werden.

Der „Penner" bekommt, wovon er sein Leben lange geträumt hat: Hummer mit einem Glas Sekt. „Das hier ist ein Hotel." Ein Sterbehotel.

Ein Platz im Hospiz ist wie ein Sechser im Lotto. Aber wer will schon freiwillig dorthin? Denn aus diesem Haus kommt man nicht lebend heraus. Die meisten sterben nach zwei Wochen. Mit dem Tod muss „in wenigen Wochen" gerechnet werden, damit die Krankenkassen den Aufenthalt bezahlen.

Manche „Gäste" leben durch die liebevolle Zuwendung noch einmal richtig auf. Mit der Folge, dass sie nicht im Hospiz bleiben können und in ein Pflegeheim verlegt werden. Das Hospiz versteht sich nicht als Sterbehaus. „Den Tagen mehr Leben geben." Sterben gehört zum Leben. Keiner kommt aus dem Leben lebend heraus.

# Vermisst

Wir meinen immer, dass Schlimmste von allem sei der Tod. Und er ist ja auch schlimm, denn er setzt dem Leben ein Ende. Und ein anderes gibt es nicht, zumindest nicht hier auf Erden. Noch schlimmer als einen Menschen durch den Tod zu verlieren, ist nicht zu wissen, ob er noch lebt oder tot ist. Manche werden schon seit Jahren vermisst. Aber so lange keine Leiche gefunden wird, besteht immer noch die Hoffnung, dass er noch lebt. Ein ständiges Auf und Ab zwischen Hoffen und Bangen. Und immer wieder das Kino im Kopf. Schreckliche Bilder, nicht zu stoppen. Nicht auszumalen, was mit dem Vermissten alles passiert sein kann.

Vermisste gibt es viele. Vermisst im Krieg. Vermisst nach Tsunami. Einfach weg, wie vom Erdboden verschluckt, ohne irgendeine Spur. Und schon so lange. Kein Lebenszeichen. Nichts. Nur das Nicht-wissen. Die Ungewissheit ist schlimmer als die schlimmste Gewissheit. Kein Totenschein. Kein Grab, das die Ungewissheit begräbt. Keine Anlaufstelle, zu der die Angehörigen hingehen und wo sie sich ausweinen können. Nur die Ungewissheit, die alles in der Schwebe hält und uns daran hindert, „es" abzuschließen und unseren Frieden zu finden.

## Mit dem Herzen verstehen

Viele Trauernde fragen sich, ob sie noch normal sind. Babsis Mutter geht jeden Abend in das Zimmer ihrer Tochter, macht das Licht an und ruft laut: „Babsi, Babsi, komm doch zurück. Bitte Babsi, komm doch zurück." Babsi kam vor vier Jahren bei einem Unfall ums Leben.

Und Harald überzieht das Bett für seinen verstorbenen Freund Robert immer noch mit. Robert ist schon drei Jahre tot.

Reinhilde ruft ihren Mann immer wieder auf seinem Handy an, obwohl er schon ein halbes Jahr unter der Erde liegt.

Und Petra schafft es nicht, Peters Stimme auf dem Anrufbeantworter zu löschen. Dabei weiß sie sehr wohl, dass viele jedes Mal erschrecken, wenn sie Peters Stimme hören, der doch schon seit vier Jahren keinen Ton mehr von sich gibt.

Und Marion sagt: „Wenn ich im Schlüsselloch ein Geräusch höre, denke ich jedes Mal, es ist mein Mann. Und das nach 33 Jahren."

Mit dem Herzen verstehen,
Verständnis haben für das,
was der Verstand nicht versteht.

# Trotz

Trotz verschlossener Tür
werden wir leise berührt
von unsichtbarer Hand.

Trotz fehlender Beweise
tritt etwas in unser Leben ein
und lässt uns nicht mehr los.

Trotz vieler Tränen
trotzen wir dem Leben
ein Lächeln ab.

Trotz verschlossener Tür
hegen wir die Hoffnung
auf das offene Tor.

# Die letzten Fragen

Die Frage aller Frage ist nicht zu beantworten. Warum? Keine Erklärung bringt Klarheit in das Dunkel. Und dennoch hören wir Menschen nicht auf nach dem Warum zu fragen. Warum gibt es die Welt und warum nicht nichts? Warum leben wir hier auf diesem Fliegenschiss im Universum, ganz allein im All?

Gibt es Gott oder hat der Mensch ihn erschaffen, um nicht an der eigenen Ohnmacht zu verzweifeln? Glauben wir an ein Jenseits, weil wir uns nicht damit abfinden können, dass wir eines Tages nichts mehr sind?

Gut fragen, viel wissen. Aber wer weiß schon, was besser ist: Falten oder Knüllen? Ja, auf dem stillen Örtchen stellen sich uns Fragen, die wir uns sonst nicht stellen. Klopapier im Safe. Sind wir noch sauber?

Die letzte Frage kann wirklich die letzte sein. Die Führung durch die Kunstgalerie war beendet. Alle Meisterwerke waren unter fachkundiger Leitung betrachtet worden. Die Führerin hatte sich schon heiser geredet, um Maltechniken, Motive und Kompositionen zu erklären. Nun sagte sie: „Hat jemand noch eine Frage?" Nach einer Pause kam eine schüchterne Stimme: „Ich würde gerne wissen, womit Sie Ihre Böden so glänzend kriegen?!"

# SAHNE

Bei deiner Trauerfeier ist meine Stimme mehrmals eingebrochen, ich musste mit meinen Tränen kämpfen. Da habe ich erst gemerkt, wie schwer es mir fällt, dich gehen zu lassen. Unfassbar, nicht zu fassen, dass dein Leben so abrupt abgebrochen wurde. Das hat deiner Frau Heike und deiner Mutter Ilse schier das Herz gebrochen. Du wurdest noch so sehr gebraucht, hast noch so gerne gelebt.

SAHNE, du fehlst uns. Du hast zu unserem Leben gehört, du warst ein Stück von unserem Herzen. Die Begegnung mit dir hat uns bereichert. Ohne dich wären wir ärmer gewesen.

Du warst ein richtiges Original, ein echter Typ. Du hast dich nie verstellt, du gabst dich einfach so, wie du warst: Unkompliziert, geradeheraus, eine ehrliche Haut. Du standest mit beiden Füßen auf dem Boden, auch wenn dir der Linke gefehlt hat. „Mein Motorradunfall", sagtest du, „war das Beste, was mir passieren konnte. Sonst wäre ich als Physiotherapeut den ganzen Tag in der Praxis gestanden, hätte geschafft und geschafft, hätte nichts vom Leben gehabt."

Mit 64 hast du mehr erlebt, intensiver gelebt als andere mit 84. Du bist in die Tiefen der Ozeane eingetaucht, warst Tauchlehrer und bist oft auch Gleitschirm geflogen. Du schienst deine Behinderung so leicht zu nehmen. Aber du hast oft auch Schmerzen gehabt, Phantomschmerzen. Aber wir haben dich nie klagen oder jammern hören.

Als einer jungen Frau der Fuß abgenommen werden sollte, war sie völlig verzweifelt und hat nur geheult. Du bist zu ihr ins Krankenhaus gefahren, bist die ganze Nacht an ihrem Bett gesessen und hast ihr Mut gemacht. Am nächsten Morgen hast du sie begleitet bis zum OP-Saal. Und als sie aus der Narkose aufgewacht ist, warst du wieder bei ihr. So warst du, SAHNE.

Von Kirche hast du nichts gehalten, aber du hast Nächstenliebe gelebt. Liebevoll hast du dich um deine Nächsten gekümmert. Wenn du gewusst hast, wie du jemandem eine Freude machen kannst, hast du es getan, gerne getan. Du warst immer hilfsbereit, einfach für andere da. Du warst außergewöhnlich großzügig, immer gut drauf, ein Sonnyboy. Du hast gestrahlt, dein Lachen kam von tief innen. Du hattest auch deine Ecken und Kanten. Wenn du einmal Nein gesagt hast, dann blieb es dabei. Du konntest unheimlich stur sein, störrisch. Nicht umsonst hast du Esel so gemocht. Und wir haben dich alle gemocht, so wie du warst.

In jungen Jahren warst du schon bekannt wie ein bunter Hund. Auch die Karte aus Mauritius kam bei SAHNE Markgröningen an. Ich hoffe, dass meine Abschiedsworte auch bei dir ankommen, wo immer du jetzt sein magst. Aber so hoch oben warst du mit deinem Gleitschirm wohl noch nie.

Dein Petrus

# Inhalt

# Weitere Bücher von Petrus Ceelen bei Dignity Press

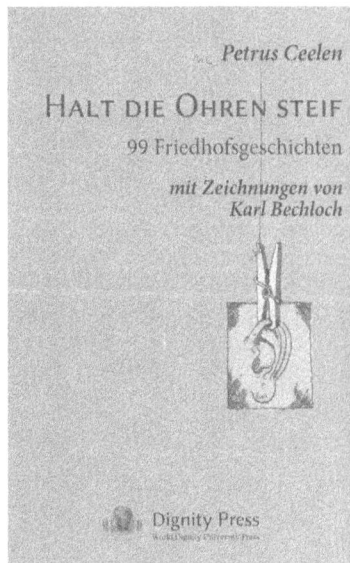

*Petrus Ceelen*

## HALT DIE OHREN STEIF

99 Friedhofsgeschichten

*mit Zeichnungen von*
*Karl Bechloch*

Dignity Press
World Dignity University Press

*Petrus Ceelen*

## MEHR ALS DU DENKST

77 Namensgeschichten

*mit Zeichnungen von*
*Karl Bechloch*

Dignity Press
World Dignity University Press

*Petrus Ceelen*

## NUR DER TITEL FEHLT NOCH

Mein letztes Buch!?

*mit Zeichnungen von*
*Karl Bechloch*

Dignity Press
World Dignity University Press

*Petrus Ceelen*

## HALT DIE OHREN STEIF

99 Friedhofsgeschichten

*mit Zeichnungen von*
*Karl Bechloch*

Dignity Press
World Dignity University Press

www.ingramcontent.com/pod-product-compliance
Lightning Source LLC
Chambersburg PA
CBHW072352090426
42741CB00012B/3015